EGITO ANTIGO
Uma breve introdução

SOPHIE DESPLANCQUES

EGITO ANTIGO
Uma breve introdução

Tradução de PAULO NEVES

L&PM/ENCYCLOPÆDIA

Texto de acordo com a nova ortografia.
Título original: *L'Égypte Ancienne*

Também disponível na Coleção **L&PM** POCKET: (2009)

Tradução: Paulo Neves
Capa: Ivan Pinheiro Machado. *Ilustração*: iStock
Preparação de original: Bianca Pasqualini
Revisão: Simone Diefenbach

CIP-Brasil. Catalogação na Fonte
Sindicato Nacional dos Editores de Livros, RJ

D489e

Desplancques
  Egito antigo / Sophie Desplancques; tradução de Paulo Neves. – Porto Alegre, RS: L&PM, 2023.
  128 p. – 20 cm

  Tradução de: *L'Égypte Ancienne*
  Inclui bibliografia
  ISBN 978-65-5666-385-2

  1. Egito - História - Até 332 a.C. 2. Egito - Política e governo - Até 332 a.C. 3. Egito - Civilização - Até 332 a.C. I. Título. II. Série.

09-3244.   CDD: 932.01
                            CDU: 94(32)

© Presses Universitaires de France, *L'Égypte Ancienne*

Todos os direitos desta edição reservados a L&PM Editores
Rua Comendador Coruja, 314, loja 9 – Floresta – 90.220-180
Porto Alegre – RS – Brasil / Fone: 51.3225.5777

PEDIDOS & DEPTO. COMERCIAL: vendas@lpm.com.br
FALE CONOSCO: info@lpm.com.br
www.lpm.com.br

Impresso no Brasil
Inverno de 2023

Sumário

Introdução 7

Capítulo I
O meio ambiente 11

Capítulo II
Da pré-história à história 33

Capítulo III
Das primeiras pirâmides aos hicsos 49

Capítulo IV
O império egípcio 75

Capítulo V
As dominações estrangeiras 100

Conclusão 119

Quadro cronológico 121

Bibliografia 125

Sobre a autora 127

INTRODUÇÃO

I. Os egípcios e sua história

A ideologia egípcia tende a apresentar a história da sua civilização, que se estende por mais de três milênios, no quadro de uma continuidade bastante fixa. A história é contada de modo a apagar acontecimentos que poderiam ser interpretados como rupturas. Assim, a inscrição de um alto funcionário chamado Més menciona o ano 59 de Horemheb (cerca de 1290 a.c.), embora esse faraó não tenha mais que 29 ou 30 anos de reinado. Não se trata de um erro, mas de um ato voluntário. Na verdade, foi acrescentado aos anos de reinado efetivo do rei o intervalo de tempo que o separa de Amenhotep III (cerca de 1385 a 1345 a.c.); os reinados de Akhenaton/Amenhotep IV e de seus sucessores foram excluídos dessa história reconstruída pela ideologia egípcia. Na apresentação da sua história, os egípcios não buscam destacar as particularidades dos acontecimentos uns em relação aos outros. Ao contrário, desejam mostrar esses acontecimentos como a repetição ininterrupta do que existe desde os tempos da criação e durante o reinado dos deuses na terra. Jean Leclant[1] definia assim a civilização egípcia

---

1. Jean Leclant é um renomado orientalista e egiptólogo francês, especialista na história da civilização faraônica. (N.E.)

em 1969: "Civilização da pedra, voltada obstinadamente para os resultados do seu início, buscando repeti-los". A história, segundo os egípcios antigos, define-se como a busca de um passado que possa fornecer modelos para o presente. Contudo, a afirmação da identidade e da personalidade egípcias, que são elementos significativos de um indivíduo e de uma época, ocupa igualmente um lugar importante nessa ideologia. Ao narrarem os seus atos, os egípcios procuram ultrapassar os que vieram antes: os anais eram consultados para verificar o caráter excepcional do faraó. Essa competição, porém, não significa uma ruptura. Nesse mesmo espírito, o conceito de intervenção divina é frequentemente utilizado para explicar acontecimentos singulares. Devemos ter em mente essas concepções quando nos propomos estudar a história do Egito Antigo.

II. As fases da história egípcia

O Egito Antigo conhece três grandes fases históricas: a pré-dinástica, a época faraônica e o período greco-romano. O início e o fim da época faraônica se inscrevem em contextos particulares. A época tinita[2] é marcada pela criação dos principais elementos que vão caracterizar o Egito durante mais de três milênios. A sociedade da Baixa Época, fortemente marcada por influências estrangeiras, enquadra-se num contexto de profunda mudança das

---

2. Relativo à cidade de Tínis, que será a capital das duas principais dinastias do Antigo Império. (N.T.)

mentalidades e valores egípcios. A civilização egípcia se desenvolve sob três grandes impérios: o Antigo Império, o Médio Império e o Novo Império. Cada época de final de império desembocou em períodos de perturbações, qualificados de Períodos Intermediários. Estes se caracterizam principalmente pelo rompimento da unidade política e territorial do Egito após um decréscimo da autoridade do poder real. Esse poder enfraquecido pode então ser substituído, conforme os períodos considerados, por dinastias locais que partilham o poder ou por dinastias estrangeiras. Os Períodos Intermediários ainda hoje são mal conhecidos e difíceis de circunscrever com precisão. Por outro lado, os faraós egípcios são agrupados em dinastias numeradas de um a trinta, segundo uma classificação da *Aegyptiaca* de Maneton, um sacerdote do começo do século III a.C. (ver adiante, p. 25). De aproximadamente 3000 a 332 a.c., ao longo dessas trinta dinastias, a civilização egípcia se desenvolve e deixa sua marca no mundo. Assim, pode-se perceber quão vasta é a tarefa de escrever uma *História do Egito Antigo*, para a qual nos limitaremos a apresentar as linhas gerais, indicando algumas pistas a explorar.

Capítulo I
O meio ambiente

I. O país e sua geografia

O Egito situa-se num quadro geográfico particular. É uma longa faixa de terra fértil que só se alarga nas proximidades do Mediterrâneo e constitui uma espécie de enclave numa vasta zona árida, que não é senão o prolongamento oriental do Saara. Sua diversidade geográfica e cultural foi especialmente destacada pelas recentes pesquisas realizadas na região do Delta. O Delta e o Vale, assim como as zonas desérticas, são facetas de um mesmo país e de uma mesma civilização.

1. **As grandes regiões** – O Egito divide-se em três grandes regiões: o Alto Egito, o Médio Egito e o Baixo Egito. Contudo, os egípcios da Antiguidade distinguiam apenas duas delas: o Alto Egito (Alto e Médio Egito chamados *Ta shemau*) e o Baixo Egito (*Ta mehu*). Essa divisão se materializa, ao longo do período histórico, nas duas coroas usadas pelo faraó: a coroa branca (Alto Egito) e a coroa vermelha (Baixo Egito). Após a unificação do país, os egípcios perpetuam essa visão dualista do seu território. Eles nunca deixarão de definir o Egito como um "duplo país". Na gestão do Egito prevaleceu,

do mesmo modo, um sistema de organização bilateral. Para designar o departamento do Tesouro, a expressão mais corrente desde as origens é "dupla casa do dinheiro". Duas grandes entidades naturais são igualmente mencionadas nos textos: a "terra negra" (*kemet*), que corresponde ao vale plano aluvial do Nilo, e a "terra vermelha" (*desheret*), que se refere ao imenso Saara ao redor. O Alto Egito se compõe de uma formação de arenito em sua parte sul até Esna, onde o vale é geralmente muito estreito, e de uma formação de calcário em sua parte norte até o Delta, onde o vale se alarga, sem no entanto exceder uns vinte quilômetros. Essa região pode ser qualificada de berço da civilização egípcia. É lá que as culturas pré-dinásticas se desenvolveram, nos sítios de Badari e de Nagada. Do mesmo modo, a unificação do país se efetuou também a partir de várias localidades do Alto Egito e por meio de príncipes originários dessa região. Dois sítios importantes marcaram essa época de profundas mudanças: Hieracômpolis, capital da unificação, e Abidos, sítio funerário dos soberanos da 1ª dinastia. Além disso, a presença egípcia nessa região é atestada ao longo de toda a história faraônica até a época greco-romana. Sua situação geográfica a protege das incursões estrangeiras, principalmente as do mundo mediterrâneo e do Oriente Próximo. O Alto Egito permanece, assim, ao longo de toda a história egípcia, muito ligado às tradições faraônicas. Durante períodos de perturbações políticas, era lá que se organizava a retomada do controle do país. Essa vontade de reunificação geralmente partia de Tebas, que conheceu seu apogeu no Novo Império e impôs seu deus, Amon, como deus dinástico.

O Médio Egito se estende dos arredores de Assiut até a ponta meridional do Delta. Durante muito tempo foi o lugar de residência dos faraós e a sede do governo. Mênfis, primeira capital do país unificado, detém essa função até a metade do Novo Império. No Médio Império, Licht, que conserva o vestígio de algumas das pirâmides dessa época, torna-se por algum tempo, a partir de Amenemhat I (cerca de 1525 a.C.), a capital do Egito. A presença de grandes sítios funerários dinásticos e particulares da realeza, como Gizé, Dachur e Saqqara, atesta o papel predominante dessa parte do Egito desde as origens da sua história. Os vestígios encontrados nessa região não se limitam aos relativos à realeza e ao governo, pois ela abriga igualmente uma das grandes necrópoles provinciais do Médio Império, a de Beni Hassan. A presença de um braço secundário do Nilo, o Bhar Yussef, confere também a essa parte do Egito uma de suas principais características. O escoamento de suas águas em direção a Faium dota essa bacia natural de um papel econômico considerável.

O território do Baixo Egito, em terras particularmente pantanosas, se estende dos arredores de Mênfis até o mar Mediterrâneo. Essa zona de contato com o mundo mediterrâneo e com o Oriente Próximo será, durante a história faraônica, muito afetada por invasões e influências estrangeiras. A partir da 19ª dinastia, ela adquire uma posição de primeiro plano. É ali que Ramsés II funda Pi-Ramsés (atual Qantir), a nova capital do Egito. Os soberanos da Baixa Época originários dessa região vão também se instalar ali, nas cidades de Tânis (a Tebas do Norte) e de Saís.

Dois desertos bordejam o vale do Nilo: o deserto líbico, a oeste, e o deserto arábico e o Sinai, a leste. Esses ambientes hostis são explorados economicamente desde a época pré-dinástica. O deserto líbico é uma região bastante plana e de extrema aridez. No entanto, alguns oásis foram ali colonizados desde o Antigo Império, como Bahariya, Farafra, Dakhla e Kharga. Além disso, o deserto ocidental constitui uma via de comunicação desde a época pré-dinástica. O deserto arábico e o Sinai, por sua vez, formam uma região montanhosa cuja barreira a protegeu do exterior. Essa região desempenha, desde a época arcaica, um papel econômico importante, pois seu deserto contém a maior parte dos recursos minerais exploráveis em território egípcio (por exemplo, a turquesa e o cobre no Sinai e o ouro do *uadi*[3] Hammamat).

2. **O Nilo** – Os egípcios se adaptaram tanto às exigências quanto aos benefícios trazidos por esse rio de mais de 6.700 km de extensão sem buscar dominá-lo. Assim, as fundações dos grandes templos se encontram a uma boa distância do lençol freático. A sociedade egípcia é uma sociedade majoritariamente agrícola. A cheia do Nilo traz a fertilidade ao Egito não só através das águas,

---

3. Curso d'água intermitente. (N.T.)

mas também depositando nas margens o lodo fértil. Porém, dois perigos ameaçavam o Egito: por um lado, quando a cheia era mais forte que o normal, por outro, quando era mais baixa. Com isso, desde a época tinita, o Estado procurou controlar e registrar as variações anuais do Nilo através de medições do seu nível. Estas eram arquivadas nos anais (a Pedra de Palermo[4]) ou em alguns monumentos reais (a capela branca de Sesóstris I, cerca de 1960 a.C.). As variações do curso do Nilo influenciaram também a escolha das espécies cultivadas. Assim, o linho era cultivado nas terras abundantemente inundadas, e a vinha nas partes menos úmidas. No que diz respeito aos cereais, o trigo era plantado nos anos em que a inundação era normal, e a cevada, quando aquela era particularmente abundante. Por outro lado, a divisão do ano civil egípcio se baseava na observação das mudanças hidráulicas do rio. O ano era dividido em três estações: a inundação (*Akhet*), o "inverno" (*péret*) e o "verão" (*chemu*). No quarto milênio, os egípcios fixaram o começo do ano tomando por referência uma observação astronômica que não era senão uma coincidência: o aparecimento helíaco[5] de uma estrela chamada Sothis e o transbordamento do rio. O Nilo era também o principal eixo de comunicação entre o sul e o norte do país. O caudal do rio permitia apenas uma circulação do sul para o norte, e isso somente

---

4. A Pedra de Palermo é um fragmento de basalto no qual eram gravados os nomes dos reis egípcios e acontecimentos relacionados aos seus reinados. (N.E.)

5. Que coincide com o nascer ou o pôr do sol. (N.T.)

em certos períodos do ano (de agosto a outubro, o que corresponde ao período da inundação). As viagens nesse longo rio não se efetuavam sem escala. O soberano e os enviados reais paravam em "desembarcadouros" onde encontravam provisões e acomodações que lhes asseguravam um certo conforto. Essas instalações são atestadas, na 18ª dinastia, nos reinados de Tutmósis (ou Tutmés) III e de Horemheb no decreto dito de Horemheb. Para os povos que ameaçavam o Egito, o Nilo foi às vezes uma via de invasão ao sul e ao norte. Longe de ser uma fronteira natural, o Nilo é sobretudo um traço de união não apenas entre sul e norte, mas também entre suas margens leste e oeste. A irrigação no Egito parece ter-se limitado à abertura de canais que serviam também para o transporte (o mais antigo testemunho se acha gravado na cabeça do bastão do rei Escorpião, na chamada "dinastia 0"). Ao contrário de hoje, o sistema de irrigação era anual e não perene.

3. **As subdivisões administrativas** – Quando o Egito foi unificado, o governo real dividiu o "duplo país" em províncias ou *sépat*. Os historiadores modernos as chamam de *nomos*, termo tomado da língua grega e utilizado pela primeira vez sob a dinastia dos lagidas (cerca de 330 a 30 a.C.). O número desses *nomos* variou ao longo do tempo de 38 a 39, durante o Antigo Império, até 42, no Novo Império. As origens dessas unidades administrativas com vocação econômica e fiscal são imprecisas. Algumas tinham uma realidade geográfica ou cultural antiga, sendo as herdeiras diretas dos pequenos principados existentes

no Egito pré-dinástico. Colocado sob a autoridade de um oficial delegado pelo poder central, o nomarca, o poder político desses *nomos* era real. O nomarca era encarregado da coleta dos impostos e da segurança interna do *nomo*, e exercia tanto funções jurídicas como a supervisão de obras. Essas funções civis eram acompanhadas de uma série de encargos sacerdotais relacionados à administração do templo e ao exercício do culto. Em algumas regiões, por exemplo, no 15º *nomo* do Alto Egito, pode-se observar uma continuidade genealógica desde a 9ª dinastia até o reinado de Sesóstris III. Uma mesma família governou a região, primeiro de forma independente no Primeiro Período Intermediário, depois sob a autoridade do rei, durante mais de trezentos anos. Após uma reforma administrativa no reinado de Sesóstris III, o cargo de nomarca se extinguiu progressivamente. Os nomarcas foram substituídos por funcionários mais numerosos, e com poder mais limitado, submetidos à autoridade do vizir e administrando unidades geográficas mais restritas (*niut*, "cidade"). Os *nomos* continuaram, porém, a marcar a divisão do território. Sua capital era designada, de um lado, por um emblema que fazia referência a animais, árvores, símbolos ou divindades e, de outro, por um hieróglifo. Esse emblema era o testemunho de culturas ditas primitivas e que remontavam à época pré-dinástica. Em contrapartida, o hieróglifo correspondente a *nomo* é um produto da unificação do país: ele representa um terreno desenhado por canais de irrigação e tem a ver com a organização estatal da agricultura.

Durante três milênios, o número, as capitais, os limites e a denominação oficial das províncias variaram em função da estrutura sociopolítica, dos avanços e recuos da valorização do solo e do crescimento ou declínio das cidades.

4. **As fronteiras** – As fronteiras naturais do Egito são determinadas pela catarata de Assuã, pelas bordas desérticas e pela frente marítima do Delta. Uma série de obras militares se ocupava do acesso a essas fronteiras, desde o forte da ilha de Elefantina até as "fortalezas do mar". Quanto às fronteiras políticas, elas variaram ao sabor das conquistas ao longo de toda a história egípcia. Ao sul, por exemplo, a influência egípcia se estendeu até a quarta catarata do Nilo no começo do Novo Império. As únicas fronteiras vulneráveis do país foram as do sul, onde se estendem as terras da Núbia[6] e as do nordeste, onde se acham os caminhos que levam ao Oriente Próximo. Ampliar as fronteiras e proteger o Egito de seus vizinhos eram uma das pedras angulares das funções do faraó. Se quisesse ter plena legitimidade, o soberano, a fim de garantir a ordem, devia conservar ou estender os limites da sua zona de influência. Nessas zonas de contato, os reis construíram importantes fortalezas e cidades fortificadas. Os soberanos da 12ª dinastia estabeleceram na segunda catarata uma nova fronteira vigiada por uma rede complexa de fortalezas submetidas a um comando único situado em Buhen. Mais tardiamente, a fronteira

---

6. No atual Sudão. (N.E.)

noroeste também precisou ser protegida (Pelusa, Tell el--Herr). Nada podia atravessar a fronteira sem ter sido registrado por escrito. Todos os que passavam pelo posto fronteiriço de *Tcharu* eram rigorosamente registrados no diário da fortaleza. A polícia que vigiava essas fronteiras tinha certamente a função de proteger o país contra incursões estrangeiras, mas tinha também uma função alfandegária, administrativa e comercial. Pois, se as fronteiras devem ser defendidas contra eventuais invasores, elas não deixam de ser vias de penetração comercial.

5. **O Egito e o mundo** – O Egito está situado no canto nordeste da África, na extremidade oriental do Saara, abrindo-se ao norte ao Mediterrâneo, comunicando-se com a África negra ao sul e com o Oriente Próximo a leste. Desde as épocas mais remotas, o país manteve relações diversas com seus vizinhos. Fossem elas econômicas, comerciais, políticas, diplomáticas ou movidas pela curiosidade, essas relações mostram que os egípcios conheciam bem a geografia de sua região e de terras próximas e longínquas. Prova disso são as listas topográficas gravadas nos monumentos egípcios. Estudos realizados para localizar suas antigas regiões progridem a cada dia. Contudo, algumas questões continuam sem resposta, como a localização da região de Punt. De acordo com os textos, o acesso a essa terra de substâncias aromáticas se fazia por barco. As primeiras menções conhecidas feitas a Punt datam da 5ª dinastia, e as mais recentes, da 25ª dinastia. Duas hipóteses resultam das pesquisas atuais.

Para uns, Punt deveria ser buscada no sul do Egito, na costa sudanesa meridional e no norte da Eritreia; para outros, essa terra exótica se situaria a leste, na Arábia. Segundo os textos egípcios, o Universo é povoado pelos egípcios, responsáveis pela ordem do mundo (a *Maât*), e o resto das populações representa o caos, o universo hostil. Portanto, o "inimigo" é o estrangeiro. Por ser diferente, ele deve ser destruído e totalmente subjugado. Essa vitória sobre o estrangeiro aparece na representação dos Nove Arcos (ver adiante, p. 82), em que há cenas de massacre de inimigos e também cenas de batalha e de caça. Em suas relações com o estrangeiro, o Egito manifesta uma predileção pelo Sul desde as mais antigas épocas. Durante as primeiras dinastias, ações militares são empreendidas em direção à Baixa Núbia. No entanto, essas relações com o estrangeiro são ambivalentes. Se os egípcios buscam se proteger do mundo exterior que representa um perigo, o outro também fascina por sua estranheza. Os territórios estrangeiros atraem por seus recursos naturais e pela mão de obra barata fornecida pelas populações locais. Ao mesmo tempo, a egipcianização é necessária para que cada elemento esteja de acordo com a ordem do mundo. Assim, as divindades estrangeiras, os modos de vida e os homens são adotados após terem recebido um nome egípcio, ou após terem sido educados no *Kep* (geralmente traduzido por "infantário real"), que depende do palácio do rei. Na verdade, os filhos de pais estrangeiros podiam ser confiados voluntariamente ou de maneira menos pacífica ao *Kep*, onde recebiam uma formação idêntica (línguas, religião, manejo das armas etc.) à dos filhos da realeza. Essa aculturação conheceu um último desenvolvimento com a subida ao trono de uma dinastia núbia (25ª dinastia) cujos soberanos perpetuaram as tradições egípcias. O Egito sempre exerceu uma grande atração sobre seus vizinhos.

II. O Egito e sua história

1. **A escrita** – Quando aparece a escrita hieroglífica? A tradição egípcia atribui a Menés, primeiro faraó mítico do Egito unificado, a invenção da escrita. Os egiptólogos há muito indicam que a invenção da escrita coincide com o começo da 1ª dinastia. Recentes descobertas na tumba U-j do cemitério de Umm el-Qaab, em Abidos, trouxeram à luz um rico material epigráfico que atesta a existência de uma escrita no sentido próprio do termo antes da unificação do Egito (aproximadamente 3150 a.C.). No seu começo, a escrita hieroglífica só se verifica numa relação direta com a função real. Somente a partir da 1ª dinastia é que a escrita passa a ser utilizada em monumentos privados. Assim, uma ligação direta pode ser estabelecida entre o nascimento da escrita e a afirmação da realeza. Os signos hieroglíficos são pictogramas cujo desenho descreve uma realidade concreta do meio ambiente egípcio: a fauna, a flora, as construções, as ferramentas, o mobiliário, os seres humanos e as divindades. A escrita hieroglífica associa o ideograma, o fonograma e o determinativo. O ideograma permite registrar uma palavra completa com o auxílio de apenas um signo. O fonograma

é utilizado por seu valor fonético independentemente do que ele representa. O determinativo indica ou precisa o sentido da maior parte das palavras. Originadas de uma mesma língua, duas escritas (hieroglífica e hierática) são correntemente utilizadas durante o período faraônico. A escrita hieroglífica é comum nos textos monumentais que ornam os templos e os túmulos, enquanto a escrita cursiva (hierática) é empregada em papiros ou em óstracos (lascas de calcário ou fragmentos de cerâmica usados pelos egípcios para escrever ou desenhar com menos dificuldade) para registrar os acontecimentos da vida cotidiana (documentos administrativos e jurídicos, cartas e testamentos). É muito evidente que, durante a história do Egito, a língua conheceu diferentes evoluções (houve, por exemplo, o médio egípcio e o neoegípcio). A partir da 26ª dinastia, uma nova escrita cursiva, o demótico, faz sua aparição no Baixo Egito para depois estender-se progressivamente a todo o vale do Nilo. Como o hierático, o demótico serve principalmente para escrever textos da prática cotidiana. O demótico epigráfico[7] permanece uma exceção. Com o tempo, o uso e o conhecimento dos mecanismos da língua egípcia vão desaparecer; só serão redescobertos em 1822 por Jean-François Champollion graças a seu perfeito conhecimento da língua copta.

2. **Os calendários e a cronologia** – A difícil questão do calendário, ou melhor, dos calendários, é fundamental para tentar estabelecer uma cronologia absoluta

---

7. Inscrições em monumentos. (N.T.)

do Egito Antigo. Antes do aparecimento da escrita, os egípcios dispunham de meios rudimentares para contabilizar o tempo. Utilizavam, por exemplo, uma folha de palmeira na qual incisões sucessivas permitiam registrar a noção dos dias ou mesmo dos anos passados. Aliás, é essa palma que, na escrita, serve de ideograma para significar "ano" (*renepet*). O ano correntemente utilizado pelos egípcios nos documentos administrativos é o ano dito "civil", composto de três estações (derivadas das lunações) de quatro meses cada uma, ou seja, doze meses de trinta dias, aos quais se acrescentam cinco dias suplementares. Demasiadamente curto em relação ao ano real, o ano "civil" egípcio sofre uma defasagem muito rápida das estações de quase um mês a cada 120 anos. Mas esse ano de 365 dias prevaleceu ao longo de toda a história egípcia. O fenômeno é ainda mais surpreendente na medida em que um ano fixo, relacionado à estrela Sothis[8], era conhecido. É a associação de três fenômenos simultâneos que marca o início do ano: o nascer do sol, o nascer helíaco de Sírius e o começo da inundação. E é somente após 1.460 anos que o Novo Ano e as estações naturais voltam a coincidir. Evidentemente, os escribas egípcios percebiam a defasagem cada vez maior entre o nascer da estrela Sothis e o início do ano fixado pelo calendário. Há textos que notificam essas observações feitas pelos escribas. Elas são importantes, pois permitem que se disponha de datas de controle. É assim que as datas de alguns reinados podem ser estabelecidas com alguma certeza: as de

---

8. Sírius. (N.T.)

Sesóstris III (soberano da 12ª dinastia) e as de Amenhotep I e de Tutmósis III (soberanos da 18ª dinastia). Quanto ao calendário lunar (354 dias), ele era utilizado para estabelecer o calendário das festas. Os egípcios nunca usaram uma era contínua para as suas datações. Muito cedo se habituaram a decompor o tempo de acordo com os anos de reinado do faraó no poder. Infelizmente, nem todos os textos são datados. Os que o são começam por uma data inscrita da seguinte forma: o mês X de tal estação, no dia X, no ano X sob a majestade de tal faraó. Quando o faraó morria, a contagem dos anos recomeçava no ano 1 do seu sucessor. No Novo Império, a aplicação de novas regras na contagem dos anos não elimina a confusão reinante na cronologia. O cômputo dos anos do novo soberano começa com a morte do seu predecessor. Assim, se o soberano morresse no final do ano, o ano 1 do novo soberano podia durar apenas alguns meses. Essa nova prática obriga os pesquisadores a conhecer com precisão a data da morte de cada faraó reinante, o que evidentemente está longe de acontecer. Para se situarem com certeza, eles teriam também que conhecer todos os faraós que reinaram, e isso igualmente não acontece – os egiptólogos ainda descobrem alguns regularmente. Além do mais, para alguns períodos, há reinados paralelos com um registro dos anos distinto. Nessas condições, uma cronologia exata é difícil de estabelecer. Não obstante, os astrônomos modernos são capazes de determinar quais eram os nascimentos helíacos da estrela que coincidiam com o início do mês de julho (começo do mês da inundação) no paralelo de Mênfis, obtendo com isso datas precisas do início da contagem dos anos pelos egípcios. O fenômeno ocorreu três vezes durante os cinco milênios que precedem a era cristã: em 1325/1322 a.C., sob a 19ª dinastia (os escribas da época registraram a ocorrência); em 2785/2782 a.C., por volta do final da época tinita; e em 4245/4242 a.C., durante o período pré-histórico.

Assim, se a cronologia egípcia dispõe de pontos de referência, ela permanece em muitos aspectos sujeita a variações mais ou menos importantes. É a razão pela qual as datas que aparecem neste livro são indicativas e de modo nenhum absolutas.

3. **As fontes e a sucessão dos reinados** – A necessidade de conservar a lembrança dos reis e de suas ações é constante entre os antigos egípcios. Os anais (*gnut*), geralmente redigidos muito tempo depois dos reinados em questão, atestam a passagem do tempo através da exposição dos fatos marcantes dos reinados (recenseamentos, cheias do Nilo, construções oficiais, guerra, fabricação de estátuas reais ou divinas). Listas e contagens da Pedra de Palermo, datadas da 5ª dinastia, descrevem a sucessão dos reis desde as origens (3300 a.C.) até a metade da 5ª dinastia (2400 a.C.). Recentemente decifrados, os anais da Pedra de Saqqara-Sul datam da 6ª dinastia. Documentos mais tardios como o Cânone de Turim, única verdadeira lista real, informam sobre a duração dos reinados. Estes se agrupam em conjuntos que Maneton, sacerdote egípcio que escreveu em grego uma história do

Egito (*Aegyptiaca*) no tempo de Ptolomeu II, chamou de "dinastias". Essas "dinastias" não parecem corresponder a linhagens de sangue. Provavelmente, trata-se mais de um agrupamento segundo a localização da residência real e a identidade do deus-padroeiro. Entretanto, essa classificação não exclui, em muitos casos, que os monarcas sejam aparentados. Para ilustrar os paradoxos que podem se manifestar nessa documentação, o exemplo do Cânone de Turim é significativo: os nomes dos soberanos das primeiras dinastias estão inscritos, por cuidado de uniformização, em cartuchos[9], enquanto nos documentos contemporâneos desses reinados o nome do faraó está inserido num *serekh* (sinal que representa uma fachada de palácio). O início dessa lista enumera os deuses predecessores dos reis que impõem a noção de mito fundador, os seres intermediários, os seguidores de Hórus (isto é, os homens que governaram o Egito antes da unificação) e, para terminar, a lista dos faraós do Egito que começa por Menés. Todavia, o Cânone de Turim permanece mudo sobre o conteúdo dos reinados. A sucessão dos reis egípcios é também registrada em documentos religiosos ou privados do Antigo, do Médio e do Novo Império pertencentes a diversas tradições, sejam elas abidiana (lista de Séti I em seu templo de Abidos; lista de Ramsés II em seu templo de Abidos), menfita (lista de Saqqara, lista de Elefantina) ou tebana (sequência dos reis da 11ª dinastia em Tôd e diferentes listas de reis nos túmulos privados da

---

9. Moldura que, na escrita hieroglífica, contém o nome do soberano. (N.T.)

18ª e 19ª dinastias). Essas enumerações, porém, são mais seletivas. Por exemplo, a lista inscrita por Ramsés II em seu templo de Abidos conta 78 cartuchos, entre os quais não figuram os faraós amarnianos [de Tell el-Amarna]. É somente no Novo Império (1550 a 1060 a.c.) que aparecem outras formas de compilações, como os diários administrativos (por exemplo, o diário da Instituição do Túmulo encarregada da construção dos túmulos reais no Vale dos Reis) ou os diários de campanhas (por exemplo, os anais de Tutmósis III ou os diferentes documentos relativos à batalha de Qadesh conduzida por Ramsés II) que relatam os acontecimentos de grandes campanhas militares. Nesse tipo de documentação, os acontecimentos ou séries de acontecimentos, registrados por data, se relacionam às condições astronômicas e meteorológicas, à chegada e à partida de funcionários e mensageiros envolvidos com assuntos oficiais e com a recepção e a distribuição de produtos relacionados às instituições em questão. Nessa documentação constam igualmente declarações verbais ou cópias de correspondências oficiais. Os acontecimentos relatados nesses diários dizem respeito, evidentemente, às atividades particulares de um grupo, de um escritório ou de uma instituição. Para as épocas tardias, dispomos também de crônicas reais (crônica demótica). Seguindo uma divisão similar à do Cânone de Turim, a *Aegyptiaca* de Maneton tem registrados os nomes dos primeiros soberanos da época persa. Essa obra, conhecida através de versões resumidas, faz alguns comentários sobre os reinados.

4. O faraó – O termo "faraó" vem de uma expressão egípcia que significa "grande casa". É somente a partir do Novo Império que ele passa a designar a pessoa do rei. A ideologia egípcia faz do soberano o defensor dos valores fundamentais e da *Maât* (princípio da harmonia universal). O Estado existe para que a *Maât* seja realizada. Do mesmo modo, a *Maât* deve ser realizada para que o mundo seja habitável. Mesmo sob as dominações estrangeiras, a noção de faraó foi mantida. Algumas dinastias estrangeiras foram inclusive protetoras de tais valores monárquicos. No entanto, a noção de faraó evoluiu com o tempo.

A origem divina do faraó é expressa na maior parte dos documentos da realeza. O faraó é representado ao lado dos deuses. Contudo, o faraó não é um deus; é o representante de deus na terra. Em seus títulos, o faraó é ao mesmo tempo a encarnação de Hórus e o filho do deus solar Rá. O aspecto solar do faraó começou a ser destacado principalmente a partir da 4ª dinastia. Na 5ª dinastia, um conto do papiro Westcar oferece uma versão fantástica do parentesco divino e solar dos faraós da época. A serviço dos homens, o faraó deve cumprir um certo número de funções: prover alimentos, aplicar a lei e preparar-se para a guerra. O soberano deve zelar pelo abastecimento dos seus súditos. Os egípcios nunca consideraram que o soberano tivesse poderes sobrenaturais que lhe permitissem controlar as águas do Nilo. No entanto, a subida das águas é um dom concedido pelos deuses ao rei. É assim que o rei núbio Taharqa (soberano da 25ª dinastia) obtém de Amon uma cheia excepcional no ano 6 do seu reinado. Cabe ao rei redistribuir os benefícios trazidos pela cheia à sua população. As evocações de épocas de fome relacionadas à variação das cheias ocupam um lugar importante nas fontes escritas e figuradas, conforme as devastações produzidas em território egípcio. Os nomarcas do Primeiro Período Intermediário, que se arrogaram um certo número de prerrogativas reais, já se orgulhavam de fornecer alimentos suficientes a seus governados nessas épocas.

Dentro do mesmo espírito, cabe ao faraó explorar as riquezas do subsolo egípcio e dos territórios estrangeiros. Ao longo de toda a história egípcia, a exploração de minas e pedreiras, que envolvia onerosas expedições, sempre foi uma prerrogativa real. Essas expedições são confiadas à autoridade de um alto representante diretamente nomeado pelo faraó e de sua confiança. A retomada das atividades nas minas e pedreiras é com frequência o índice de uma retomada do poder. Foi o que aconteceu no início do Médio Império, sob o reinado do reunificador do Egito Montuhotep II, com uma expedição ao *uadi* Hammamat. Essas expedições foram necessárias sobretudo para permitir a construção dos numerosos monumentos reais e divinos. Tanto nos fatos como nas crenças, o soberano é a fonte de todos os benefícios.

O exercício da justiça e o estabelecimento das leis são também grandes prerrogativas reais. O deus lembra à rainha Hatchepsut (rainha-faraó da 18ª dinastia) os deveres e as prerrogativas do poder real: "Tu estabeleces as leis, tu reprimes as desordens, tu vences o estado de guerra civil. Governas os vivos, e eles obedecem às tuas ordens". Assim os faraós egípcios podem baixar decretos reais que fazem, evidentemente, notificar por escrito. É o caso, em particular, do decreto dito de Horemheb (último soberano da 18ª dinastia). A aplicação dessas decisões reais é tarefa da administração egípcia.

O faraó é o grande chefe do exército e deve conduzir suas tropas à vitória. Esse princípio é particularmente importante no Novo Império. Para tanto, o rei deve ser um esportista. E suas qualidades de caçador são indicadas em muitos textos e representações da realeza. A exaltação da força física do rei, relacionada ao vigor animal, é uma constante do poder faraônico. Uma das grandes festas que marcam o reinado do faraó, a festa *Sed*, consiste numa corrida que põe à prova a força física do rei para trazer-lhe uma nova vitalidade. A educação esportiva dos príncipes é bem conhecida.

A extensão das fronteiras deve igualmente ser uma das grandes preocupações do soberano. Além disso, as atividades de construção são parte integrante do vigor de um reinado, quer se trate de obras em proveito do rei ou de monumentos erigidos aos deuses do panteão egípcio. Cabe ao faraó não só construir, restaurar e ampliar os templos dos deuses do Egito, mas também zelar por seu culto. A legitimidade do faraó, fundada numa ascendência divina, transmite-se geralmente de pai para filho ou de irmão para irmão. Porém, às vezes, ao longo da história egípcia, a ausência de herdeiro masculino fez subir ao trono uma mulher da família real. Esta raramente é detentora consagrada da realeza, sendo antes a depositária da função que transmitirá a seguir a um descendente masculino. No entanto, a legitimidade monárquica se transmite igualmente através do casamento com uma mulher de sangue real.

5. O governo egípcio – O faraó, evidentemente, é quem comanda o governo. Como representante divino, ele é o senhor das terras, dos bens e dos homens. A administração civil do país é colocada sob a autoridade de um vizir e, a partir do reinado de Amenhotep II (soberano da 18ª dinastia), sob a autoridade de dois vizires que dividem as respectivas responsabilidades do norte e do sul do país. Esse vizir supervisiona as atividades de diversos setores – principalmente econômicos, como o "duplo celeiro" e o "duplo Tesouro" (a denominação "duplo" para algumas instituições é provavelmente utilizada para lembrar a dualidade do Egito, dualidade que os egípcios mantiveram ao longo de toda a sua história). Outras grandes unidades tiveram, conforme as épocas, mais ou menos importância na paisagem institucional. O exército, que recebeu um impulso particular durante o Novo Império, época marcada pelas grandes conquistas, é dirigido por um grande general que pode ser o filho do rei. Como vimos, o herdeiro ao trono deve mostrar suas qualidades combatentes desde jovem. O governo religioso, especialmente o de Amon, que se desenvolve desde o

Médio Império, está sob a autoridade de uma hierarquia de profetas formada por quatro sacerdotes. Os domínios reais diretamente ligados ao soberano têm também sua hierarquia. Entretanto, a separação entre administração central e administração regional não é tão nítida quanto poderia supor um especialista em instituições egípcias. De fato, se tomarmos o exemplo da instituição do Tesouro, é difícil determinar, através da documentação, se os administradores presentes na província são enviados pela administração central para efetuar operações pontuais ou se pertencem à administração regional. Muitas pesquisas sobre as instituições ainda restam ser feitas antes que se possa propor uma imagem fiel dos serviços centrais.

Capítulo II

Da pré-história à história

Até o final do século XIX, os pesquisadores puseram em dúvida a existência de um período paleolítico no Egito. Foram dois grandes egiptólogos, Flinders Petrie e Jacques de Morgan, que forneceram os primeiros elementos necessários a um estudo da pré-história do Egito. Os primeiros traços de culturas paleolíticas remontariam a 300.000 a.C., ou seja, bem mais tardiamente que no Oriente Próximo. Desde os anos 1980, os estudos sobre a pré-história do Egito foram fortemente renovados sobretudo graças à multiplicação das escavações. Os pesquisadores tentaram responder a uma questão fundamental: "De que maneira, por quais fenômenos e através de quais processos se deu a passagem, em menos de dois milênios, de populações de caçadores-pescadores-coletores a um dos primeiros Estados do mundo?"

I. Do paleolítico ao neolítico: dos caçadores-coletores ao aparecimento da agricultura

Entre 18.000 e 16.000 a.C., as populações paleolíticas são conhecidas através de várias comunidades de caçadores-coletores instaladas no *uadi* Kubanieh. As escavações efetuadas nesse *uadi* possibilitaram um melhor conhecimento dos seus meios de subsistência. Nesse período, o

Nilo era menor e mais estreito do que hoje, com um fluxo mais lento. Ele arrastava importantes quantidades de sedimentos que aumentavam gradualmente o nível da planície inundável, ao sul do cotovelo de Qena. As populações se alimentavam daquilo que as cheias (peixes, mas também bois selvagens, por exemplo) e as vazantes (as plantas) do rio lhes traziam. Esse fenômeno, denominado "adaptação nilótica" pelos especialistas, caracteriza-se por uma mobilidade imposta pela hidrologia do rio, mas no interior de um território restrito. O "Nilo selvagem", entre os anos 12.000 e 10.000 a.C., constitui um episódio importante que marcou a criação da paisagem e da história dos homens. No final da última glaciação, a recrudescência das precipitações na África central provocou o aumento do caudal do Nilo branco. O regime do rio aumentou, e o depósito sedimentar diminuiu. Esse ambiente mais hostil, marcado sucessivamente por cheias devastadoras ou insuficientes, impeliu as populações instaladas nas bordas do Nilo para as margens desérticas do Egito. A situação melhorou por volta de 10.000 a.C. O Nilo voltou a ser mais regular, e acampamentos de caçadores-coletores, instalados entre 7300 e 6400 a.C. em sítios de Elkab, passaram a explorar sazonalmente a ecozona à maneira dos paleolíticos de Kubanieh. A passagem de uma economia predatória (característica do paleolítico) a uma economia de produção (característica do neolítico) no Egito foi mais tardia (depois de 5000 a.C.) do que, por exemplo, em seu vizinho mesopotâmio (8000 a.C.) e relativamente rápida. Por que esse atraso? Talvez a presença do Nilo e a adaptação à sua hidrologia particular possam explicar essa mudança tardia (um exemplo são as populações do Kubanieh, já habituadas a um semissedentarismo). O cultivo de plantas e a domesticação de animais foram inicialmente utilizados como complemento de segurança frente aos recursos habituais e aleatórios dos caçadores-coletores. Eram mais um meio de melhorar o sistema dos homens do paleolítico superior, diversificando-o, do que de substituí-lo. Nessas condições, por volta de 6000 a.C., a agricultura e a domesticação das espécies fazem sua aparição no vale do Nilo. Além disso, uma modificação climática ocasionou o fim do período úmido, levando pouco a pouco as populações para o vale do Nilo. As primeiras comunidades agrícolas surgiram no norte do Egito (a mais antiga, cerca de 5200 a.C. em Faium) e foi só aproximadamente um milênio mais tarde que aldeias agrícolas se estabeleceram na parte meridional do território. Todavia, os dados sobre as primeiras comunidades agrícolas são muito dispersos (e os sítios, muitas vezes inacessíveis) para se empreender atualmente pesquisas aprofundadas sobre as razões da passagem à agricultura. Os pesquisadores apontam tradicionalmente o Levante[10] e o sudoeste da Ásia como locais de origem das práticas agrícolas no Egito. No entanto, o Saara oriental e a África do Norte foram igualmente considerados como territórios originais da agricultura egípcia. Essa última hipótese se baseia na descoberta de gado e plantas (como o sorgo) que já seriam domesticados na região de Nabta

---

10. Costa oriental do Mediterrâneo. (N.T.)

Playa - Bir Kiseiba (sudoeste do Egito) por volta de 7000 a.c. Há muito se sabe das idas e vindas entre o vale do Nilo e o Saara oriental, mas seus impactos foram diversamente avaliados. Segundo Midant-Reynes, "o neolítico no Egito não é um fenômeno de pura importação". Os primeiros sítios neolíticos do vale são Cartum, Núbia, Merimdé Benisalame, Faium, El-Omari, El-Tarif. Essas primeiras populações neolíticas praticavam a agricultura e a criação de gado (bois, carneiros e cabras). Algumas já produziam artefatos para os mortos. Foram descobertas tumbas do neolítico, em Cartum por exemplo, providas de abundantes oferendas.

II. O pré-dinástico

A história da civilização egípcia conhece uma aceleração progressiva (a partir de 4300 a.C.) que vai resultar na fundação do Estado faraônico. Essa evolução se concretiza ao longo dos diferentes períodos pré-dinásticos: o badariano (4300 a 3800 a.C.), o período de Nagada I ou amratiano (3800 a 3500 a.C.), o de Nagada II ou de Gerzéen (3500 a 3200 a.C.) e depois o de Nagada III ou protodinástico (3200 a 3000 a.C.). A cultura badariana é essencialmente conhecida por seus cemitérios, embora uns quarenta setores de *habitat* também tenham sido descobertos. Ela parece surgir no final do quinto milênio sem que nada a anuncie. Os badarianos trazem consigo as aquisições do neolítico, assim como um conhecimento do cobre certamente originado do Sinai e do deserto oriental. A questão da sua origem continua sendo debatida. Seus cemitérios já prefiguram o que será o mundo dos mortos do Egito faraônico. Há menos informações sobre as estruturas de *habitat* e sobre a economia dessa população. No entanto, três pontos chamaram a atenção dos pesquisadores: predominância das espécies vegetais selvagens em relação às espécies cultivadas (por exemplo, o trigo e a cevada); provisões guardadas em fossas, como era feito no neolítico em Faium; e *habitats* que parecem relativamente móveis. Assim, a cultura badariana, instalada principalmente no Médio Egito, praticava um modo de subsistência misto, no qual a economia de predação desempenhava ainda um papel importante. Os badarianos frequentavam as estradas formadas pelos *uadis* entre o Nilo e o mar Vermelho. Provavelmente traziam dessas expedições numerosas conchas marinhas, encontradas nos túmulos, bem como a malaquita e a pedra de *bekhen* de que eram feitas as primeiras paletas de pintura. Nas escavações entre as aldeias de Deir Tasa e Mostaggeda, G. Brunton[11] descobriu cerca de cinquenta sepulturas que apresentavam artefatos particulares. Esse grupo foi nomeado *tasiano* por seu descobridor. Por muito tempo foi considerado como um simples aspecto local do grupo badariano. Contudo, esse ponto de vista geralmente aceito foi questionado por W. Kaiser, que considera o conjunto tasiano uma entidade separada do badariano, pela qual

---

11. Guy Brunton (1878-1948) foi um arqueólogo inglês, pesquisou a cultura pré-histórica do Egito e dirigiu o Museu do Cairo. (N.E.)

as influências do Baixo Egito teriam sido filtradas para a zona nagadiana. Entretanto, a existência de uma entidade cultural distinta não pode ser deduzida, como sublinha Midant-Reynes, de um único artefato particular encontrado num contexto funerário enquanto as informações sobre o *habitat* continuarem inexistentes.

É no Alto Egito que se desenvolvem as civilizações nagadianas. A primeira época de Nagada (Nagada I ou período amratiano) engloba e desenvolve a cultura badariana. O *habitat* cresce de maneira substancial. No sítio amratiano de Hemamieh, os restos de nove estruturas circulares de terra foram exumados. Os estudos sobre esse local também sugerem ocupações prolongadas por várias gerações. Os restos vegetais são abundantes e essencialmente originados de espécies cultivadas. Do mesmo modo, restos de animais domésticos são mais numerosos. A continuidade entre o período badariano e o nagadiano está principalmente nas práticas funerárias, embora com alguns elementos específicos da época nagadiana. A indústria da pedra inicia seu extraordinário desenvolvimento através, por exemplo, da fabricação das paletas de pintura. O processo de diferenciação social através dos túmulos, já iniciado no período badariano, se acentua nas necrópoles amratianas, assim como entre os diferentes cemitérios nagadianos que já prefiguram a emergência de centros de irradiação, como Nagada, Hieracômpolis e Abidos.

Nesse mesmo período, o Baixo Egito possui uma cultura própria que se desenvolve a partir do seu centro, Buto, cidade próxima do litoral mediterrâneo, entre 3900 e 3400 a.C. Foi só recentemente, nos anos 1970-1980, que os pesquisadores revelaram a existência do conjunto denominado "Maadi-Buto". Aqui as estruturas de *habitats* dominam, enquanto as necrópoles são mais raras. O estudo do material descoberto no sítio de Maadi (atualmente situado na periferia do Cairo) demonstra uma influência vinda do mundo levantino. Os maadianos eram agricultores criadores de gado. As origens pré-dinásticas de Buto só foram evidenciadas nos anos 1980 pelo Instituto Alemão de Arqueologia sobre o sítio de Tell el-Fara'in. Sete níveis de ocupação, que permitem acompanhar as etapas dessa época de formação, foram descobertos sem descontinuidade do pré-dinástico ao Antigo Império. Influências mesopotâmicas são visíveis desde o começo. Os sítios de Buto e de Maadi mostram também, através de seus materiais cerâmicos, que as populações mantinham contato com as culturas que se desenvolviam nessa época no Alto Egito.

É no Baixo Egito que a economia de produção provavelmente foi adotada, adaptada e difundida para o Alto Egito; a época badariana servindo talvez de intermediária. A produção agrícola era muito mais importante nas culturas do Baixo Egito do que no Alto Egito da mesma época. Além disso, as comunidades do Baixo Egito não apresentavam uma forte hierarquia. Um dos fatos marcantes do período Nagada II é a extensão da cultura nagadiana ao conjunto do vale, em direção ao norte até o Delta e em direção ao sul até depois da primeira catarata. Nessa época, o Egito conheceu uma unidade cultural. Foi preciso esperar o fim da segunda fase de Nagada para que, no conjunto do vale do Nilo, a economia e as estruturas sociais dependessem quase exclusivamente do ciclo agrícola. A indústria da pedra continuou sua evolução até culminar na arte da estatuária faraônica. As populações passaram a sedentarizar-se junto à planície aluvial, a fim de aproveitar melhor os benefícios da cheia do Nilo. O fenômeno de hierarquização também se acentuou, fazendo surgir elites que buscavam distinguir-se através da acumulação e da ostentação, visíveis nas necrópoles. A concentração de tumbas da elite ocorre no Alto Egito em Abidos, Nagada e Hieracômpolis, atestando a emergência de centros de poder que a seguir desempenhariam um papel no nascimento do Estado faraônico.

III. O período protodinástico e a questão da unificação política

A partir de 3300 a.C. aproximadamente, o conjunto dos fenômenos revelados desde o início do período pré-dinástico se acelerou. Sinais dessa mudança se manifestam através do desaparecimento de vários tipos de objetos característicos da pré-história e também pelo aparecimento e o desenvolvimento de diferentes categorias de produção. Assim, sob o impulso das relações com o mundo oriental, desenvolve-se a glíptica (estudo dos selos ou lacres e da gravação desses selos). É também nesse período que aparecem os primeiros sinais de escrita. As manifestações de hierarquização são cada vez mais visíveis. Em Nagada, Hieracômpolis, Elkab e Abidos, pode-se observar a presença não mais de simples tumbas, mas de verdadeiros cemitérios da elite. Situada na margem oeste do Nilo, defronte à foz do *uadi* Hammamat, Nagada obtinha suas riquezas e seu esplendor principalmente das minas de cobre e de ouro do deserto oriental. Desde o pré-dinástico, Hieracômpolis rivalizou com Nagada. Como esta última, ela também tinha acesso aos recursos das minas do deserto oriental, mas, voltada para o sul, foi buscar as riquezas africanas da Baixa Núbia que eram controladas pelas populações do grupo A (ver adiante, p. 57). Abidos, mais ao norte, apresenta vestígios de cemitérios e de aldeias. Parece que Abidos foi, desde Nagada I, um lugar privilegiado onde eram inumados grandes personagens. Posteriormente, em Nagada II e III, são indivíduos confirmados no poder que são enterrados ali. É no cemitério de Umm el-Qaab que se acham as tumbas dos primeiros reis do Egito. Buto, no Delta, apresentava nesse período fortes influências culturais provenientes do Alto Egito, embora a cidade fosse um importante centro de poder.

Segundo uma tradição, certamente concebida no começo do Novo Império, o legendário rei Menés teria criado o Estado egípcio ao fazer seus exércitos do Alto Egito atacarem o reino do Baixo Egito, instalando sua capital, após a vitória, em Mênfis. Conforme os trabalhos dos egiptólogos, esse faraó é ou identificado a um rei existente (Narmer ou Aha), ou a um personagem mítico. Porém, é mais ou menos certo que a unidade do Egito não se fez sob o reinado de um único rei e que os fundamentos dessa unidade devem ser buscados bem antes. A unificação das duas regiões é progressiva. Ela se efetuou entre as grandes cidades do sul (Hieracômpolis, Nagada ou Tínis) e acabou beneficiando os príncipes originários de Tínis. As razões da emergência dessa dinastia tinita permanecem obscuras. A maior parte dos documentos desse período de transição provém de Hieracômpolis, cidade que conheceu um grande desenvolvimento antes da unificação. A passagem da pré-história à história se deu de forma pacífica ou através de uma guerra? É de guerra que fala um dos primeiros documentos escritos da história egípcia – a paleta de Narmer –, que mostra o rei do Sul esmagando o Norte. No entanto, esse caráter violento não é corroborado pela documentação arqueológica. A esse respeito, a análise da documentação gravada (paletas, cabos de facas) que caracteriza Nagada III é incontornável. Segundo essa documentação, dois grupos que se seguem cronologicamente podem ser formados: no primeiro, os elementos das cenas não apresentam nenhuma diferença de tamanho; no segundo, o espaço é estruturado e as distinções hierárquicas se impõem. O universo gravado na última época de Nagada exprime um aumento progressivo da violência e a ascensão de uma elite. A unificação aparece menos como uma conquista do que como uma assimilação do Norte pelo Sul, em cujo processo a guerra é uma das modalidades. Escavações feitas no cemitério de Umm el-Qaab (Tínis) trouxeram à luz um novo aspecto desse período de transição. Iry-Hor, Ka e Escorpião são alguns dos reis anteriores à 1ª dinastia cujos nomes chegaram até nós, embora, para alguns deles, haja hesitações quanto à leitura de seus nomes. Os egiptólogos agrupam geralmente esses soberanos sob a denominação de "dinastia 0". A cabeça do cetro do rei Escorpião descoberta em Hieracômpolis, na qual o soberano aparece com a coroa branca (símbolo do Alto Egito) na cabeça, sugere que ele governava apenas uma parte do país. Narmer é o primeiro soberano a portar sucessivamente a coroa branca e a coroa vermelha.

Assim, a unificação política do Egito se efetuou progressivamente durante vários séculos. Contudo, não existe até hoje um consenso sobre a datação de um poder unificado sob a autoridade de um único rei. Os reis da "dinastia 0" governavam uma parte ou o conjunto do Egito?

IV. O começo do período histórico: as dinastias tinitas

As duas primeiras dinastias do Egito são qualificadas "tinitas" em função do seu suposto lugar de origem: This ou Tínis. Essa cidade não é localizada com precisão, mas os egiptólogos a situam nas proximidades de Abidos. O que sabemos dessa época se baseia exclusivamente nas informações fornecidas pelos anais da Pedra de Palermo, bem como pelas sepulturas descobertas em Saqqara e Abidos e pelo material que elas contêm (os cilindros e suas gravações). Em relação à primeira dinastia, pequenas placas de marfim contendo grande riqueza de informações foram descobertas nos túmulos reais. De maneira geral, aparecem inscritos os títulos reais e informações relativas à administração. Os grandes acontecimentos do reinado também são registrados, sejam eles religiosos, políticos ou econômicos. Quanto ao resto, estando o uso da escrita ainda em seu começo, a documentação tinita pouco informa. É durante esse período que a civilização egípcia adquire suas características definitivas. As relacionadas ao soberano são as mais claramente identificáveis. A identificação de um soberano aparece sobretudo na leitura da sua titulatura, formada por um conjunto de nomes, títulos e epítetos que definem ao mesmo tempo o soberano e seu programa de reinado. Em sua forma definitiva, a titulatura real compõe-se de cinco nomes: um recebido no nascimento e outros quatro, de funções adquiridas no momento da promoção sagrada. Desde a 1ª dinastia três nomes são empregados para nomear o faraó: o nome de Hórus inserido num *serekh*, um título dito "das duas senhoras (ou *nebty*)", pelo qual o soberano é colocado sob a proteção da deusa abutre Nekbet, de Elkab, no Alto Egito, e o nome da deusa serpente Uadjet, de Buto, no Baixo Egito, lembrando a dualidade do país. Sobre a época tinita, dispomos de poucas informações acerca do princípio de sucessão ao trono. Trata-se de uma sucessão de pai para filho ou de uma sucessão entre irmãos? Os laços familiares que unem os soberanos das duas primeiras dinastias permanecem obscuros. Entretanto, desde o começo da história egípcia, a rainha, se é filha de rei, parece já desempenhar um papel fundamental na transmissão do poder. Oito faraós se sucederam durante a 1ª dinastia. O reinado de Adjib, sexto faraó da 1ª dinastia, é o menos conhecido. Segundo a documentação, a 2ª dinastia se compõe de nove a onze soberanos, mas as informações sobre essa dinastia são bem mais escassas. A maior parte das sepulturas dos soberanos que a compõem desapareceu ou não foi encontrada. Do mesmo modo, o uso de placas recapitulativas dos acontecimentos do reinado não se verifica na 2ª dinastia. Dessa cronologia incerta, somente os nomes e a ordem de sucessão dos quatro primeiros faraós (Hotepsekhemui, Nebrê, Nineter e Uneg) são seguros. As informações fornecidas pelos anais da Pedra de Palermo se referem apenas a uma pequena parte do reinado de Nineter.

Os locais de residência e de inumação dos soberanos da 1ª dinastia são incertos. Duas mastabas[12] puderam ser identificadas para cada faraó da 1ª dinastia (com exceção de Semerkhet, que tem apenas uma sepultura em Saqqara), uma em Saqqara (ao norte, nas proximidades de Mênfis) e a outra em Abidos (ao sul, nas proximidades de Tínis). Duas hipóteses principais foram propostas pelos pesquisadores. As tumbas de Saqqara seriam as verdadeiras sepulturas da 1ª dinastia; as de Abidos seriam apenas cenotáfios, erguidos em sua memória como

---

12. Túmulo em forma de pirâmide truncada com capela para oferendas e câmara subterrânea para o mobiliário e o sarcófago. (N.T.)

faraós do Alto Egito. Na outra hipótese, as tumbas de Abidos seriam realmente as dos faraós da 1ª dinastia, e as de Saqqara pertenceriam a funcionários de elevado grau, certamente parentes próximos do soberano. Ainda hoje a questão permanece aberta.

Desde a época tinita, o papel da mulher da corte real deve ser sublinhado. Tomemos o exemplo único da rainha Merneith, que possui, como os faraós da 1ª dinastia, duas sepulturas, uma em Saqqara e outra em Abidos. A riqueza do mobiliário e as dimensões dos seus túmulos demonstram a importância de seu papel no seio da realeza. Em gravações de selos-cilindros, ela é apresentada como a mãe do rei Den. Uma parte do seu nome aparece igualmente na Pedra de Palermo como mãe de Den. Seu papel de mãe real parece, assim, atestado. Esse conjunto de indicações levanta uma interrogação sobre os limites de suas prerrogativas reais. Foi ela apenas regente, fato geralmente admitido, ou exerceu a função de faraó? W. B. Emery supõe que a rainha Merneith foi a terceira faraó da 1ª dinastia. Se essa rainha efetivamente reinou, isso demonstraria que o exercício do poder por uma mulher foi possível já no começo da história egípcia. A descoberta de duas estelas funerárias na mastaba da rainha Merneith levanta também a pergunta sobre seu papel no seio da realeza. A composição da estela funerária que se conservou é bastante semelhante à dos reis tinitas, com a única diferença de que o nome real não está encerrado num *serekh* nem é encimado pelo falcão Hórus. Isso reforça a ideia de que a rainha Merneith teve um papel atípico na realeza tinita. Mesmo sendo evidente que ela tenha ocupado um lugar "fora do comum", a ausência de título para defini-la, exceto o de mãe real, não permite determinar qual era sua verdadeira função. Um elemento perturbador, pelo menos, é a existência comprovada de funcionários especificamente ligados à rainha e diferentes dos empregados de seu filho. A rainha, portanto, foi no mínimo regente. Qual é então a razão da mudança de administradores sob o reinado de Den? Quis ele se distanciar do reinado precedente? E, nesse caso, por quê? Uma outra rainha é também considerada pelos egiptólogos como regente: Neithotep, mulher de Aha.

Os atos de confirmação do poder real devem igualmente ser analisados. Djer, terceiro soberano da 1ª dinastia, dava uma grande importância às ações que confirmavam a unificação do Egito e o caráter duplo da monarquia. Entre outras coisas, ele celebrou cerimônias de "purificação das duas terras". Parece ter sido um dos primeiros a organizar uma festa *Sed* (ou jubilar). Essa cerimônia, celebrada após trinta anos de reinado, permite reafirmar o poder do soberano simulando sua morte e seu renascimento. A existência conjunta de uma monarquia abrangendo todo o território egípcio e de uma organização estatal é facilmente identificável desde o reinado de Narmer. São datados da época tinita os primeiros registros de recenseamentos de gado, de terras, das populações e dos metais, os quais se efetuavam a cada dois anos. Os documentos da época tinita atestam que, pelo menos desde o final da 1ª dinastia, impostos eram regularmente arrecadados durante a festa chamada "o serviço de Hórus". Assim, a organização administrativa já estava instalada no final da época tinita. Desde o reinado de Aha, o faraó – que doravante reina sobre o conjunto do Egito – empreende uma política de guerra contra seus vizinhos núbios e líbios e mantém ligações comerciais com o estrangeiro. Os anais da Pedra de Palermo mencionam em particular barcos de cedro vindos da Sírio-Palestina. No ano 23 do seu reinado, Djer obteve uma vitória sobre os "asiáticos", que ele "massacrou". Uma inscrição rupestre do *gebel*[13] Sheik Suliman (ao norte da segunda catarata) prova que, desde a 1ª dinastia, o exército egípcio era capaz de fazer incursões em profundidade até a Alta Núbia e que o Egito podia controlar a Baixa Núbia desde Elefantina até o que seria em breve Buhen. Porém, se os egípcios traziam butins e prisioneiros da Núbia, a exploração econômica do país não parece estruturada nessa época. Trata-se mais de ações pontuais para pacificar a região e ter controle sobre alguns grandes centros de comércio. Por outro lado, o rei Den (quinto faraó da 1ª dinastia) empreende várias campanhas militares fora do vale contra os asiáticos e os nômades do Sinai. No final da época tinita, os fundamentos da civilização egípcia estão assentados. O Antigo Império desenvolverá e fortalecerá esses princípios.

---

13. Monte. (N.T.)

Capítulo III

Das primeiras pirâmides aos hicsos

Depois da época tinita, abriu-se um período de prosperidade para o Egito: o Antigo Império. Não existe ruptura política entre o fim da época tinita e o início do Antigo Império. Parece haver ligações, cuja natureza não conhecemos, que unem o último faraó da 2ª dinastia e o primeiro da 3ª. O esplendor desse período é geralmente associado à realização das três grandes pirâmides de Gizé, que pertencem respectivamente a três soberanos da 4ª dinastia: Quéops, Quéfren e Miquerinos. Foi também a época de numerosas inovações técnicas, cujo exemplo mais flagrante seja talvez a construção da pirâmide em degraus de Djeser, soberano da 3ª dinastia, pelo arquiteto Imhotep. O final do Antigo Império foi marcado pela perda de influência do poder monárquico. A subida ao trono de uma rainha, Nitócris, ilustra o quão difícil foi o fim da dinastia. A seguir o Egito conheceu seu Primeiro Período Intermediário, caracterizado por uma divisão de poder entre várias dinastias paralelas. Esse Primeiro Período Intermediário marcou profundamente as mentalidades egípcias. O fenômeno se manifesta particularmente através do surgimento de um novo estilo literário que os especialistas chamam de "literatura pessimista" e que se desenvolve no começo do Novo Império. Pode-se citar o

Diálogo do desesperado, datado por vezes do Primeiro Período Intermediário, e outras da 12ª dinastia. O autor se interroga sobre a oportunidade de viver numa sociedade tal como ela se transformou, sentindo saudade dos tempos antigos em que o Egito estava no auge da sua grandeza. Através dessa narrativa, se percebe o efeito dos anos de guerra civil e da fome, consecutivos da degradação dos valores faraônicos. O Médio Império, que começa com a reunificação do país, foi assim marcado pelo período que o precedeu e que viu a edificação de uma monarquia que perdurou durante cerca de um milênio. Ele retomou a herança do Antigo Império, mas adaptando-a aos ensinamentos dos tempos de crise. O final do Médio Império é mais difícil de datar. Segundo os autores, a 18ª dinastia é classificada ora no Médio Império, ora no Segundo Período Intermediário. Este último foi marcado, como o primeiro, pela divisão do poder, mas dessa vez causada pela incursão de populações estrangeiras em território egípcio. O Egito foi então governado por dinastias paralelas, com uma população vinda da Ásia (os hicsos) desempenhando um importante papel.

I. O Antigo Império

O Antigo Império foi um período de estabilidade, considerado pelos próprios egípcios antigos como uma idade de ouro da sua civilização. Eles vão se referir com muita frequência, a seguir, aos valores dessa época de prosperidade. Durante esse período, o Egito conheceu uma relativa paz interna, pontuada unicamente por algumas campanhas militares. O Antigo Império dividiu-se em quatro dinastias (da 3ª à 6ª) cuja residência real e a sede do governo foram em Mênfis, situada a cerca de vinte quilômetros do atual Cairo. Sua posição privilegiada na história egípcia se deve à sua localização estratégica, na divisa do Alto e do Baixo Egito. Segundo a tradição, Mênfis teria sido fundada pelo primeiro faraó egípcio, Menés. Mênfis era também um grande centro religioso no qual era celebrado, em particular, o culto a Ptah[14].

1. Os soberanos – A 3ª dinastia é ainda pouco conhecida. A identidade e a sucessão dos soberanos são muitas vezes divergentes ou mesmo contraditórias. Djeser e Imhotep são as personalidades mais conhecidas, principalmente através da documentação tardia. Como os anais do Antigo Império não conservaram a lembrança dos soberanos da 3ª dinastia, é difícil reconstituir a ordem de sucessão ao trono de seus reis. A questão da identidade do fundador da dinastia, por exemplo, ainda hoje não está resolvida. Com base na documentação epigráfica e arqueológica, pesquisas recentes parecem demonstrar que Djeser é o primeiro rei da dinastia, e não Nebka, que os arquivos do Novo Império indicam como fundador da dinastia. Deve-se notar que Djeser, nome frequente na tradição egípcia, não aparece com esse nome na documentação contemporânea da 3ª dinastia, na qual ele parece ser identificado ao rei Netjerikhet. A descoberta de

---

14. Deus criador e protetor da cidade de Mênfis. (N.E.)

gravações de selos com o nome de Netjerikhet no túmulo do último soberano da 2ª dinastia é um dos argumentos que levam a identificar o faraó Djeser como fundador da 3ª dinastia. Os faraós dessa 3ª dinastia reinaram a partir de Mênfis e consolidaram as fundações da civilização egípcia clássica. As fontes contemporâneas diretas provêm quase essencialmente dos complexos funerários reais, que então se desenvolveram e adquiriram nova importância.

A 4ª dinastia apresenta basicamente as mesmas características. É o seu fundador, Snefru, que conhecemos melhor. Evidentemente, devem ser citados também os proprietários das três grandes pirâmides de Gizé (Quéops, Quefrén e Miquerinos), que deixaram vestígios monumentais. Mudanças já iniciadas na 4ª dinastia ganham maior amplitude na 5ª. A origem dessa dinastia é o objeto de um relato fantástico escrito no Médio Império e compilado no chamado papiro Westcar. Um dos contos dessa coletânea discorre sobre a previsão de um mago de que a linhagem do rei Quéops ao trono do Egito seria extinta em proveito da descendência de um sacerdote de Rá. A esposa deste último teria concebido com o deus solar três filhos (Userkaf – fundador da dinastia –, Sahurê e Neferirkarê), destinados a reinar sucessivamente no país. Apesar desse relato, a 5ª dinastia não parece ter tido uma origem plebeia, e a ordem de sua sucessão não apresenta maiores problemas.

A origem da 6ª dinastia e de seu fundador, Téti, é desconhecida. Esse período foi marcado por longos reinados, o de Pépi I (cinquenta anos) e o de Pépi II (64 anos), e caracterizou-se, como os anteriores, pela expansão das instituições monárquicas. Contudo, é no final dessa dinastia que o Estado egípcio conhece sua primeira crise grave. Nenhuma crise parece perturbar a sucessão dinástica antes do final do reinado de Pépi II. A 6ª dinastia termina com o reinado de uma mulher, Nitócris, sinal de uma época perturbada. Nada se conhece de Nitócris por documentos contemporâneos, apenas por tradições tardias.

A ação dos soberanos do começo do Antigo Império é conhecida principalmente através dos testemunhos monumentais visíveis ainda hoje. O desenvolvimento da documentação privada ocorreu sobretudo a partir da 5ª dinastia. Nesse período, os testemunhos passam a incluir também relatos edificantes sobre a ação de funcionários valorosos. Convém sublinhar a desigualdade do número de fontes entre o começo do Antigo Império e o final do período. Esse fenômeno não se explica obrigatoriamente por uma falta de atividade dos soberanos do começo do Antigo Império, mas talvez pelo acaso das descobertas e pela multiplicação das fontes de informações.

2. **A política interna** – Construir é uma atividade fundamental para o soberano egípcio. Um dos atos iniciais do primeiro ano de reinado de Djeser foi começar as obras do seu túmulo. Por sua inovação técnica e ideológica, a construção da pirâmide em degraus em Saqqara foi o elemento emblemático de um período que traduz uma mudança de escala na representação do poder monárquico.

Essa obra de dimensões sem precedentes é característica da generalização da construção em pedra, reservada antes a elementos isolados. O papel da sepultura real no fortalecimento do poder monárquico unificado se desenvolveu em grandes proporções com o reinado de Djeser graças à pirâmide monumental que se tornou o símbolo da divindade do faraó. Seis projetos sucessivos foram estudados no momento da edificação da pirâmide de Djeser. A partir do quarto projeto, o arquiteto abandonou o modelo da mastaba (forma clássica da sepultura real na época tinita) e teve a ideia de construir um monumento com degraus em bancada. Entretanto, foi no reinado de Snefru que a "verdadeira" pirâmide foi construída. Várias etapas foram necessárias para chegar a essa edificação.

Três pirâmides são atribuídas a esse soberano: um monumento com degraus em Meidum, uma pirâmide dita "romboidal" em Dachur sul e a pirâmide perfeita de Darchur norte. O construtor responsável pelo complexo funerário de Djeser, Imhotep, é conhecido sobretudo por documentos posteriores, mas seu nome aparece na base de uma estátua de Djeser que data da 2ª dinastia. A popularidade desse grande arquiteto fez com que ele fosse divinizado a partir da época saíta (26ª dinastia). A maior parte dos monumentos desse complexo era um cenário destinado à vida eterna do rei morto. O tema da festa *Sed* para perpetuar sua lembrança está presente não apenas nos componentes arquitetônicos, mas também em alguns relevos da edificação. É possível reconstituir as etapas marcantes dessa cerimônia a partir das representações de que dispomos. O faraó partia em procissão ao encontro das efígies dos "filhos reais", vestido com um manto curto, vestuário específico desse ritual. A seguir, o rei se colocava entre os dois lados do pavilhão jubilar, sucessivamente como rei do Alto Egito e rei do Baixo Egito, sublinhando assim a dualidade do país. Ali recebia a homenagem dos dignitários e do povo. Nesse momento da cerimônia, o faraó contemplava o desfile das tribos preparado para essa ocasião. A fim de demonstrar sua força física, o soberano efetuava uma corrida ritual vestindo uma tanga. Idealmente, essa celebração do jubileu marcava um ciclo de trinta anos de reinado. No entanto, o prazo nem sempre é respeitado. Após a celebração dessa primeira festa *Sed*, uma outra se reproduzia alguns anos depois, desta vez de forma mais regular. Evidentemente, a preparação de uma festa *Sed* monopolizava muitos homens e recursos do país. Durante seu destino no além, o faraó devia também poder continuar a celebrar esse ritual. Assim, as construções feitas no recinto da pirâmide em degraus de Djeser buscavam assegurar ao rei a possibilidade de festejar seus jubileus no além. Sob a 5ª dinastia, de Userkaf a Menkauhor, seis reis sucessivos fizeram erigir templos solares nas proximidades do seu templo funerário. Esses lugares de culto, quase inteiramente a céu aberto, eram dominados por um obelisco monumental. Foi sob a 5ª dinastia que o rei passou a ter, de fato, uma filiação com o deus Rá. O templo solar é a materialização arquitetônica disso. Esse templo estava em íntima relação com o templo funerário e abrigava oferendas após suas consagrações. Arquivos foram descobertos no templo funerário de Neferirkarê. Compõem-se basicamente de quadros de serviços, de inventários, de contabilidades e de listas de funcionários. Esses arquivos fornecem elementos sólidos sobre a função dos complexos funerários reais, bem como sobre as instituições relacionadas. Eles atestam sobretudo entregas feitas no templo funerário provenientes do templo solar do faraó. Os quadros de serviços e as contabilidades indicam um transporte de víveres cotidiano entre o templo solar e o templo funerário. Sob o reinado de Unas (último soberano da 5ª dinastia), uma mudança se opera nos complexos funerários reais: é na pirâmide do rei Unas que encontramos a mais antiga versão dos textos das pirâmides, fórmulas cuja recitação permite ao rei morto escapar dos perigos e chegar ao céu.

No início do Antigo Império, desenvolveram-se as estruturas administrativas herdadas da época tinita. Com isso, os escribas passaram a intervir em todos os níveis da administração, testemunhando uma vontade crescente de controle, de registro e de arquivamento. A mais alta função do Estado, o vizirato, não é conhecida antes da 2ª dinastia e se desenvolveu sobretudo a partir do Antigo Império. A instituição do Celeiro, que centralizava as produções agrícolas obtidas do tributo, não apareceu antes da 3ª dinastia e indica talvez uma mudança no volume dos produtos arrecadados. O departamento mais estruturado no começo do Antigo Império parece ser o Tesouro, já atestado no início da época tinita. Os grandes setores da administração central foram em sua maior parte criados no começo do Antigo Império. Quanto à administração provincial, ela se estruturou a partir da 3ª dinastia. As instituições provinciais dependiam diretamente dos meios governamentais. É somente na 6ª dinastia que os títulos de altos funcionários são atestados na província. A exploração econômica dos desertos foi confiada aos nomarcas, transformados em agentes do soberano nessas regiões distantes. Entre a 4ª e a 6ª dinastia, o desenvolvimento do país faz com que o meio governamental restrito, concentrado nas mãos dos membros da família real, dê lugar a uma organização estatal mais complexa, multiplicando funções que daí em diante passam às mãos de famílias e grupos sociais diversos.

3. **A política externa** – Durante o Antigo Império, o Egito se mantém em relação, pacífica ou conflitante, com os Estados imediatamente vizinhos do seu território, sejam as tribos reunidas sob a autoridade de príncipes indígenas, como na Líbia ou na Núbia, sejam cidades-Estados como Biblos e Ebla. Os textos mostram o interesse constante do Egito pela Baixa Núbia desde a época tinita. Depois do desaparecimento das populações do chamado grupo A (talvez provocado pelas campanhas militares empreendidas pelos soberanos da época tinita), os egípcios assumem o controle das fontes de matérias-primas e das rotas comerciais. A política núbia do Egito se modifica no começo da 4ª dinastia. A instalação permanente dos egípcios na Núbia, atestada até Buhen e a segunda catarata do Nilo, parece ter sucedido às campanhas de Snefru.

Fundador da 4ª dinastia, Snefru dirigiu uma campanha militar que penetrou profundamente na Núbia, capturando 7.000 prisioneiros e 200 mil cabeças de gado. A atividade egípcia na Núbia foi particularmente intensa durante a 4ª e a 5ª dinastias. Buhen, a colônia mais importante da época, talvez já tivesse a função de cidade-feitoria, papel que desempenhou no Médio Império. A classificação das culturas da Baixa Núbia, estabelecida no início do século XX, atesta a existência consecutiva na região de dois grupos de populações entre a 1ª dinastia e o final do Antigo Império. O grupo A parece ocupar a Baixa Núbia até a 1ª dinastia. Quanto ao grupo C, ele surge na 6ª dinastia ou no final da 5ª. Por muito tempo prevaleceu a ideia de que os soberanos do começo do Antigo Império haviam se instalado numa região vazia com população autóctone. Contudo, a documentação egípcia está em contradição com os dados arqueológicos núbios. Os textos egípcios dão a imagem de um país povoado, conforme dados contidos na Pedra de Palermo referentes à campanha militar de Snefru. Assim, os textos da 4ª dinastia subentendem uma ocupação densa das margens do rio.

Por outro lado, a partir da 3ª dinastia, o Egito assume o controle das minas de cobre e de turquesa do *uadi* Maghara (Sinai), onde instalou uma aldeia. No Sinai, no sítio de Serabit el-Khadim, os soberanos só intervinham sob a forma de expedições temporárias. Durante o Antigo Império, as relações comerciais entre o Egito e a Síria também são atestadas a partir do reinado de Snefru, para o qual a Pedra de Palermo registra um fornecimento considerável de madeira de construção. Relações comerciais com Biblos e Ebla são igualmente indicadas na documentação do Antigo Império. Nesse período, ações militares se dirigem contra a Núbia, a Líbia e provavelmente cidades asiáticas, embora haja poucos testemunhos diretos desses ataques ao estrangeiro. No complexo funerário do rei Sahurê, em Abusir, baixos--relevos comemoram a derrota de inimigos, mas não há relato. Em algumas dessas inscrições, pode-se reconhecer com dificuldade uma expedição à Ásia que provavelmente corresponde à mencionada na Pedra de Palermo. Essa correspondência poderia confirmar uma atividade militar real no reinado de Sahurê.

Em geral, o motivo do deslocamento dos egípcios ao estrangeiro era sobretudo de ordem econômica. As tropas militares engajadas nessas expedições só intervinham pontualmente para manter a ordem no país em questão. Na necrópole de Qubbet el-Haua, nas proximidades de Assuã, a fachada do túmulo de Hirkhuf é coberta de uma longa inscrição. Ali são relatadas as expedições militares e comerciais dirigidas por esse enviado do faraó ao sul do Egito. Essas viagens de Hirkhuf foram empreendidas por ordem do soberano Merenrê (6ª dinastia). Além de indicar a presença de nomarcas nas expedições, esse texto fornece informações valiosas sobre a Núbia e suas relações comerciais com o Egito durante o Antigo Império. Em sua primeira viagem, Hirkhuf procurou descobrir o caminho ao país de Yam (provavelmente ao sul da Núbia), para trazer de lá produtos preciosos muito cobiçados pelos soberanos do Antigo Império. Na segunda viagem, Hirkhuf penetrou mais fundo na Núbia e trouxe uma grande quantidade de produtos. Na terceira, entrou em contato com o governador de Yam, que estava em guerra contra uma outra tribo núbia. Dessa terceira viagem, Hirkhuf trouxe uma série de produtos característicos da Núbia: incenso, ébano, peles de panteras, presas de elefantes e bumerangues. O enviado do faraó se orgulhava de sua intervenção no conflito, tendo se aliado ao príncipe de Yam para enfrentar a coalizão formada pelos príncipes de Irtjet, Zatju e Uauat, que acabou vencida. Todavia, o Antigo Império é um período durante o qual poucas ações militares são registradas.

II. O Primeiro Período Intermediário

Após um milênio de formação e de desenvolvimento, a civilização egípcia parece perder, em pouco tempo, sua unidade e o controle do norte do país, especialmente de sua "capital", Mênfis. A transição entre o final do Antigo Império, que conhece um relativo dinamismo, e o Primeiro Período Intermediário foi bastante brutal. O processo que conduziu a essa mudança é difícil de explicar; as razões são provavelmente múltiplas e complexas. O período que os egiptólogos chamam de Primeiro Período Intermediário contou com quatro dinastias (da 7ª à 10ª). O início da 11ª deve igualmente ser colocado nesse período até o reinado de Montuhotep II, reunificador do Egito e fundador do Médio Império. A cronologia desse Primeiro Período

Intermediário também é bastante incerta, pois as sucessões e durações de reinados são difíceis de se estabelecer.

O Primeiro Período Intermediário pode ser dividido em duas partes: 7ª e 8ª dinastias pertencentes à tradição menfita, seguidas de uma divisão do poder entre, ao norte, o reino de Heracliópolis (9ª e 10ª dinastias) e, ao sul, nomarcas mais ou menos independentes, especialmente os do reino tebano (11ª dinastia). Não se sabe, porém, se a tomada de poder dos tebanos foi simultânea à da dinastia heracliopolitana. As diferentes versões de Maneton e a documentação contemporânea se contradizem, às vezes de forma desconcertante. Essa documentação, relativamente abundante, é com frequência difícil de datar com precisão. Os monumentos raramente trazem a indicação do faraó reinante. No entanto, conhecem-se alguns nomes de faraós atestados pela documentação contemporânea, como Ity e Imhotep, cujos nomes figuram em inscrições do *uadi* Hammamat. Iby também deixou uma pirâmide inacabada em Saqqara. Essa documentação foi encontrada principalmente na província, e seu corpus é formado em grande parte por monumentos funerários privados.

Os acontecimentos históricos do Primeiro Período Intermediário são conhecidos através de três fontes: o ensinamento de Merikarê, obra literária dos últimos reis heracliopolitanos; as autobiografias dos nomarcas de Assiut e Mo'alla; e, finalmente, documentos privados provenientes de diversos cemitérios do vale. As circunstâncias exatas do rompimento da integridade territorial só são conhecidas através de textos posteriores. O desmembramento da unidade territorial parece ter ocorrido após um lento enfraquecimento do poder real que favoreceu a emergência de poderes locais, reforçados pela transmissão hereditária da função de nomarca. Esses nomarcas se associaram entre si e formaram alianças que evoluíram com o tempo. No final do Primeiro Período Intermediário, os três *nomos* mais meridionais defendiam os interesses de Heracliópolis, enquanto os quatro *nomos* situados ao norte de Tebas (de Coptos a Abidos) estavam sob a autoridade dessa cidade. Dois poderes se enfrentavam: a monarquia heracliopolitana, que se inspirava no modelo menfita, e a aliança dos *nomos* ao sul do país em torno de Tebas. O único personagem que teve uma posição de soberano no Egito durante o Primeiro Período Intermediário foi o rei de Heracliópolis. O Cânone de Turim nos fornece os nomes de dezessete ou dezoito soberanos heracliopolitanos. Assim, para a tradição egípcia, esses soberanos de Heracliópolis foram considerados os representantes legítimos da monarquia do Egito nesse período. As duas cidades então em confronto, Heracliópolis e Tebas, pouco haviam se destacado até então. Durante o Antigo Império, Tebas era um vilarejo obscuro que não se sobressaía em relação aos outros. Com a vitória dos príncipes locais tebanos, começa o apogeu de Tebas, cujo poder não cessou de crescer até o final do Novo Império. Nessa época, reinou um certo caos no Egito. O risco de fome no país exigiu uma organização rigorosa da agricultura. Com a coesão rompida, a fome se espalhou. A ausência de poder central também favoreceu a extensão de algumas práticas religiosas aos cidadãos, instaurando-se desde então uma relação direta entre o indivíduo e deus.

Os Antef, influente família tebana, sem que se possa determinar com precisão se eram nomarcas, chegaram à realeza no sul do país com Antef II e seu filho e sucessor Antef III. Antef II, cujo reinado foi longo, foi provavelmente o grande rival dos príncipes heracliopolitanos. Seu poder se estendia sobre uma considerável região ao sul do Egito (de Elefantina a Tínis). Seu reinado foi marcado por uma série de ações políticas e militares (descritas na estela dita "aos cães", encontrada em seu túmulo), mas também por atividades arquitetônicas e religiosas que testemunham uma retomada de controle da função real, pelo menos no sul do país. Os reinados dos Antef abriram o caminho a Montuhotep II, reunificador do Egito e fundador do Médio Império.

1. **O Médio Império** – Após a ruptura do Primeiro Período Intermediário, começa uma era de restauração de um poder centralizado que dura ao todo quinhentos anos. Como o Antigo Império, ela comporta uma fase ascendente (11ª dinastia), um apogeu (12ª dinastia) e uma fase menos gloriosa mas bastante longa (13ª dinastia), que termina novamente pela invasão de uma parte do território egípcio. O Médio Império é marcado ao mesmo tempo pela lembrança de um passado glorioso e pelos ensinamentos trazidos por um período de crise. A vitória dos príncipes tebanos está na origem de uma predominância religiosa, cultural e política de Tebas sobre o Egito. Essa

ascensão tebana só cessou no final do Novo Império. As dificuldades do historiador diante desse período, tão rico que foi dito "clássico", são a pobreza das fontes arquitetônicas e epigráficas e o fato de nossas informações sobre o Médio Império procederem em geral de fontes posteriores.

2. **Os soberanos** – A ligação de parentesco entre Antef III e Montuhotep II é indubitável, assim como a continuidade monárquica entre os Antef e o novo soberano que desde então governa o conjunto do Egito. É possível que Montuhotep não governasse, em seu advento, o Egito inteiro, mas não resta dúvida de que ele foi o reunificador do país. Esse papel lhe confere um lugar importante na história egípcia. Ele foi particularmente honrado por seus sucessores, como o foram Menés e Amósis (fundador do Novo Império). Seu filho e sucessor, Montuhotep III, está muito próximo dele. Já o reinado de Montuhotep IV, último soberano da 11ª dinastia, é menos conhecido. Muito provavelmente, seu vizir o sucedeu sob o nome de Amenemhat I e fundou a 12ª dinastia. Entretanto, as condições dessa subida ao trono permanecem obscuras. Elas são conhecidas quase unicamente através de uma obra literária de caráter político, *A profecia de Neferty*, que descreve uma situação desastrosa, mas de maneira tão imprecisa, que é impossível relacioná-la com acontecimentos concretos. Em todo caso, ela serve de justificativa para o anúncio de um salvador que não pertence à linhagem real originária de

Tebas. Esse personagem é apresentado como quem vai restaurar as tradições monárquicas a fim de restabelecer a *Maât* (princípio de ordem e de harmonia). A 12ª dinastia é a dos Amenemhat e dos Sesóstris. Três reinados em particular marcaram essa dinastia: os de Sesóstris I, Sesóstris III e Amenemhat III. Esses soberanos se destacaram por afirmar uma independência em relação aos predecessores, especialmente ao promoverem em Tebas um deus dinástico, Amon, votado a um prodigioso futuro. Também criaram uma nova capital, Licht, no norte do país. Contudo, nem por isso esqueceram seu passado, não deixando de homenagear seus ilustres predecessores, os Montuhotep.

A 13ª dinastia, geralmente colocada pelos historiadores no Segundo Período Intermediário, apresenta uma continuidade política e administrativa com a 12ª (por exemplo, seus soberanos conservam seu lugar de residência em Licht até o final da dinastia). No entanto, ela se distingue do Médio Império pelo elevado número (aproximadamente sessenta) de soberanos que a compuseram e pela brevidade desses reinados. O sistema monárquico aplicado sob a 13ª dinastia era diferente. Ao que parece, os mais variados candidatos foram aceitos para subir ao trono. Porém, as mulheres continuaram a desempenhar um papel importante na transmissão do poder. Nenhuma múmia de soberano do Médio Império chegou até nós; assim, não dispomos de informações complementares para determinar a duração dos reinados do período.

3. A política interna – A atividade arquitetônica dos soberanos da 11ª dinastia foi efetuada principalmente em seu próprio proveito, mas no quadro dos respectivos domínios dos deuses do Egito. Montuhotep II, em particular, fez com que erigissem um templo funerário em Deir el-Bahari. Esse monumento de grandes dimensões foi construído no domínio da deusa Hathor, em Tebas. Antes dele, os Antef, certamente limitados em suas prerrogativas reais, não haviam deixado vestígio de cultos monárquicos em seu proveito. O templo de Montuhotep II apresenta algumas características originais. Ele integra o túmulo do soberano, que conteria uma estátua do rei sentado com um traje da festa *Sed*, bem como um santuário consagrado ao soberano. Os relevos fragmentários se referem claramente à festa *Sed* do rei.

A manifestação mais usual invocada como sinal visível de uma corregência é a justaposição, num mesmo documento, de dois anos de reinado pertencentes a dois soberanos consecutivos. Essa corregência teria ocorrido entre os dois primeiros soberanos da 12ª dinastia, Amenemhat I e Sesóstris I. É geralmente admitido que, no ano 21 do seu reinado, Amenemhat I elevou seu filho Sesóstris à realeza, inaugurando uma corregência que teria durado dez anos. Essa teoria se baseia na leitura de duas datas consecutivas que figuram no documento de um alto funcionário chamado Antef. Todavia, a interpretação do texto foi questionada. Provavelmente não se trata de duas datas, mas de duas durações de funções de Antef, ou seja, trinta anos sob Amenemhat I e dez anos sob Sesóstris I.

Assim, a ideia de uma corregência entre os dois soberanos deve ser afastada, mesmo se o príncipe herdeiro já desempenhasse um papel como chefe militar no reinado do pai. Acaso das descobertas ou reflexo da época, o fato é que também os primeiros vizires do Médio Império são conhecidos no reinado de Montuhotep II.

Com a 11ª dinastia se pode observar uma retomada progressiva das estruturas administrativas, embora às vezes hesitante. De fato, há o registro de títulos particulares não mais encontrados a seguir. Essa situação é certamente o reflexo de uma tarefa pesada para a qual esses soberanos talvez não estivessem preparados. A maioria dos vizires da 12ª dinastia é atestada no reinado de Sesóstris I. Entretanto, não parece ter havido mais de um vizir em função ao mesmo tempo. A maior parte dos setores administrativos do Antigo Império perdura, às vezes se desenvolvendo, no Médio Império. O Tesouro, por exemplo, diversifica suas atividades. A instituição está muito ligada à exploração das minas e das pedreiras do Egito. A direção dessas expedições é geralmente confiada a altos funcionários em atividade na administração do Tesouro. A administração regional, por sua vez, é indissociável das estruturas governamentais. Um estudo recente sobre os nomarcas do reinado de Sesóstris I mostra que as relações entre os responsáveis locais e esse soberano estavam fundadas na reciprocidade. Sesóstris I se apoiava em linhagens dinásticas estabelecidas em algumas regiões pelo menos desde o Primeiro Período Intermediário. Com isso ele garantia a lealdade dos chefes locais e tornava possível o bom funcionamento das instituições monárquicas no nível das regiões. Em contrapartida, os nomarcas do reinado de Sesóstris I usufruíram um status elevado, que lhes permitiu mandar construir, em seus nomes, suntuosos monumentos onde eram registrados seus métodos de gestão do *nomo*, suas ligações com o rei e a autoridade sobre seus contemporâneos, por exemplo. Atribui-se a Sesóstris III uma série de reformas administrativas. As unidades administrativas deixam de ser os *nomos*: as cidades, as antigas metrópoles dos *nomos*, tornam-se as novas unidades territoriais de referência.

4. **A política externa** – A reconquista do território foi evidentemente a prioridade dos soberanos da 11ª dinastia. As cartas de Heqanakht atestam a reorganização do país, especialmente a fim de assegurar o abastecimento da população e o reforço da monarquia. Desde o reinado de Montuhotep III, recomeçam as expedições em direção às minas e pedreiras, sinal de uma retomada do território. No ano 8 de Montuhotep III, uma estela comemora uma expedição à região de Punt conduzida pelo "diretor do Tesouro", Henenu. No reinado do seu sucessor, Montuhotep IV, outras expedições igualmente ocorrem. A atividade nas minas e pedreiras do Egito se intensifica nos reinados de Sesóstris I, Sesóstris III, Amenemhat III e Amenemhat IV. Numerosas expedições às minas de turquesa de Serabit el-Khadim (Sinai) são atestadas no reinado de Amenemhat III. Na 13ª dinastia, os soberanos enviavam episodicamente expedições às minas e pedreiras do deserto oriental e

do Sinai, bem como às minas de galena[15] do monte Zeit. A política estrangeira do Médio Império tinha vários objetivos: a defesa das fronteiras, a ampliação do território nacional e a obtenção, essencial para a economia do país, de gêneros alimentícios e mão de obra. O Egito depende de seus vizinhos para o abastecimento de madeira e para todos os tipos de produtos preciosos. Nesse ponto, a inovação do Médio Império consistiu principalmente na coerência da política e na amplitude dos esforços empregados. Desde a 11ª dinastia, a Núbia estava integrada ao território egípcio. Sesóstris I foi quem desenvolveu uma política de controle dos produtos dessa zona meridional. Deve-se a ele, assim como a Sesóstris III, a construção de várias fortalezas junto à segunda catarata (Buhen, Mirgissa e Semna, por exemplo). Essas fortalezas abrigavam imensos depósitos que provavelmente permitiam controlar o comércio com os reinos do sul. Por outro lado, tratava-se também de uma linha defensiva. As fortalezas instaladas na segunda catarata possuíam, cada qual, características específicas que revelam seu respectivo papel. Em Buhen ficavam a residência do comandante e os alojamentos dos funcionários, bem como numerosos depósitos que a designam como sede da administração central e importante elo econômico. Buhen e Mirgissa eram as maiores fortalezas da segunda catarata. Esta última se encontra atualmente sob as águas do lago Nasser, o que impede os arqueólogos de dispor de novos dados sobre esse conjunto de fortalezas que não eram apenas

---

15. Minério de chumbo. (N.T.)

unidades administrativas e econômicas, mas faziam parte de um imenso complexo estratégico. Mirgissa, em particular, possuía uma cidadela, uma cidade fortificada e abrigos portuários. A presença de uma cidade e de uma necrópole atesta a instalação progressiva de famílias de colonos, sobretudo a partir do final da 12ª dinastia.

Os soberanos do Médio Império parecem ter posto uma energia particular em dominar o sul do Egito. É sob o reinado de Sesóstris I que são designadas pela primeira vez as populações do reino núbio de Kush. As guerras de conquista em território núbio foram empreendidas principalmente por Sesóstris I e Sesóstris III. Este último estabelece uma fronteira em Semna e em Kumna, a fim de conter as populações do grupo C instaladas na Baixa Núbia e de se proteger da pressão do reino de Kerma na Alta Núbia.

A natureza exata das relações entre o Egito do Médio Império e os diversos Estados da bacia mediterrânea oriental permanece muito controvertida. Sabe-se da existência de uma diplomacia ativa entre os soberanos egípcios e seus homólogos estrangeiros da Síria, Palestina e Creta. A política "internacional" de Amenemhat II se baseia em informações, cujo valor é hoje fortemente contestado, fornecidas pelo tesouro de Tôd. Nas fundações do templo de Tôd, foi encontrado um tesouro composto de objetos em metais preciosos, ouro e prata, alguns deles do tipo egeu. Isso indica que o soberano egípcio mantinha relações com Punt, com a Sírio-Palestina e mesmo com Chipre.

III. O Segundo Período Intermediário

No Segundo Período Intermediário, o Egito conhece um novo período de perturbação e de ruptura da integridade territorial do país. Porém, dessa vez atores estrangeiros desempenharam um papel importante frente a um poder egípcio que sofria em parte a concorrência, no Delta, de outras formas de governo. O vale do Nilo apresenta uma situação bastante complexa durante todo o Segundo Período Intermediário, cuja cronologia absoluta ainda não foi assentada. No estado atual das pesquisas, podemos resumir assim a situação: o Segundo Período Intermediário se caracteriza pela presença de estrangeiros no território egípcio, os hicsos. O termo "hicsos" é derivado do egípcio *heqa khasut* ("príncipe dos países estrangeiros"). A expressão já é utilizada nos textos do Antigo Império e não determina o lugar de origem dessa população. Contudo, de acordo com a segunda estela de Kamosé e através de vestígios que os hicsos deixaram em vários sítios do Delta oriental, pode-se deduzir uma origem oriental. Trata-se talvez de nômades vindos da região sírio-palestina. Convém distinguir o período que precede o coroamento em Mênfis do primeiro rei hicso, Salítis, daquele que corresponde à metade da 17ª dinastia. Durante um tempo, há uma concorrência de poder entre a 13^a e a 14ª dinastias. Esta última compõe-se de duas monarquias paralelas que dividem o poder no Baixo Egito. De um lado, os faraós de Xoís (cidade do Delta), dos quais pouca coisa se sabe. De outro, um reino fundado no Delta ocidental por Nehesy, tendo por capital

Avaris. Aliás, é a inscrição de uma estátua desse rei que fornece a mais antiga menção à cidade de Avaris (atual Tell el-Dab'a). Trata-se de uma monarquia egípcia instalada num território com uma grande população asiática. Os trabalhos do Instituto de Arqueologia Austríaco em Tell el-Dab'a revelaram, nas proximidades do palácio dos reis egípcios do começo da 13ª dinastia, a presença de uma vasta aglomeração provida de templos e necrópoles, habitada por uma população mista de egípcios e sírio-palestinos. A dinastia desapareceu provavelmente em consequência da invasão dos hicsos. Avaris tornou-se a capital do reino hicso. Entretanto, é difícil determinar a data de invasão (a 14ª dinastia provavelmente se extingue antes do final da 13ª). A 17ª dinastia parece suceder diretamente no tempo à 13ª dinastia. Ela controlava apenas o Alto Egito e uma parte do Médio Egito. Paralela à 15ª dinastia, dos hicsos, essa 17ª dinastia é de origem tebana e seus últimos soberanos, Seqenenrê Taa e Kamosé, vão participar da reunificação do país. Os nomes dos reis hicsos são omitidos das listas de reis, a não ser no Cânone de Turim que, infelizmente nessa passagem, está muito malconservado. O soberano mais conhecido da 15ª dinastia é Apófis (5º soberano da dinastia). Seu nome é citado nos documentos que relatam os combates empreendidos por Kamosé precisamente contra esse príncipe hicso. A tradição egípcia refere-se à invasão dos hicsos como a mais grave ocupação de território que o Egito conheceu. No entanto, de acordo com a documentação, convém matizar essa visão. Os soberanos da 15ª dinastia praticaram a escrita hieroglífica, adotaram nomes e muitos costumes egípcios, inclusive administrativos. Kamosé, personagem misterioso e considerado um rei importante pelos egípcios, foi quem dirigiu a primeira guerra de libertação contra os hicsos. Ao contrário de Seqenenrê Taa, Kamosé deixou sobre suas guerras um relato prolixo do qual restam dois testemunhos principais (as duas estelas de Kamosé), completados por uma cópia do texto numa placa de Carnavon. A primeira estela é datada do ano 3 do reinado de Kamosé. Este lamenta, diante dos membros do seu Conselho, a presença dos hicsos no norte do país. O rei decide então ir à guerra e relatá-la, descrevendo com precisão os locais e as manobras táticas. Ele recupera em particular uma cidade no norte do país. A seguir o rei fala da interceptação de uma mensagem que o príncipe hicso envia ao príncipe de Kush[16] para pedir seu apoio. Os reis de Kerma eram os interlocutores mais regulares dos soberanos egípcios, enquanto fornecedores de mão de obra, rebanhos, matérias preciosas e produtos de luxo. A descoberta recente de uma inscrição biográfica na tumba do governador Sobeknakht em Elkab parece atestar um ataque ao Egito pelo reino de Kerma e seus aliados. A tumba desse governador pôde ser datada da 17ª dinastia. Nada nos permite saber se o pedido de aliança feito pelo rei hicso teria sido aceito por seu homólogo de Kush se a missiva não tivesse sido interceptada pelos egípcios. Foi somente durante o reinado de Amósis que Heliópolis foi retomada. Se a historiografia egípcia não

---

16. Na Núbia. (N.T.)

determina que o Novo Império começa por Kamosé, é porque ele não conseguiu libertar totalmente o Egito. É Amósis que permanecerá como o reunificador do país.

O Segundo Período Intermediário provocou profundas mudanças na civilização egípcia. O Novo Império tornou-se o receptáculo das inovações introduzidas progressivamente pelas influências asiáticas. Contudo, os contatos mantidos com a Ásia durante o Novo Império trouxeram também mudanças não diretamente relacionadas ao episódio hicso.

Capítulo IV

O Império Egípcio

O final do Segundo Período Intermediário abre-se para o Novo Império, que é o único período da história egípcia em que o Egito conhece a constituição de um império. Em todos os domínios, a massa da documentação aumenta e torna-se muitas vezes superabundante. O Novo Império é uma época em que os soberanos se exprimem amplamente sobre os matizes que sua política adquire no âmbito de seus respectivos reinados. De fato, desde Amósis, reunificador do Egito e fundador do Novo Império, os reis tiveram o cuidado de informar bastante explicitamente sobre seus principais feitos e posturas. Os egiptólogos escreveram bastante sobre o Novo Império, mas muitas questões ainda são hoje objeto de vivos debates. Assim, a data em que a rainha Hatchepsut iniciou seu reinado, a localização de Punt e a questão eventual de uma corregência entre Amenhotep III e Amenhotep IV são algumas das questões cujas respostas permanecem abertas no momento atual. Por outro lado, a época amarniana[17] inspirou muito mais comentários do que qualquer outro período da história, sem no entanto apresentar uma visão consensual desse período particular. O Novo Império é igualmente uma época em que os faraós levam em

---
17. Relacionada à cidade de Tell el-Amarna. (N.T.)

conta um mundo mais vasto, adaptando aos poucos as instituições egípcias conforme entram em contato com outros povos. Esses novos dados provocaram também muitas pesquisas sobre os topônimos estrangeiros e suas localizações atuais no mundo que cerca o Egito. Tebas, símbolo da vitória, conhecerá um desenvolvimento particularmente importante no Novo Império, favorecendo, assim, a ascensão do clero de Amon. Associado a Rá desde o Médio Império, Amon é "Amon-Rá, rei dos deuses" em todo o país.

I. Os soberanos do começo da 18ª dinastia e os grandes conquistadores

É o último dos reis tebanos da 17ª dinastia, Amósis, que funda a 18ª. Não há ruptura entre as duas dinastias, que, no entanto, apresentam situações bem diferentes. Amósis impôs sua autoridade sobre a totalidade do território egípcio. A sucessão dos acontecimentos que marcam seu reinado permanece obscura. Amenhotep I, filho e sucessor de Amósis, reina sobre um território unificado. Mas suas obras arquitetônicas parecem concentrar-se mais no sul do país. Ele foi um dos primeiros soberanos da 18ª dinastia a mostrar a vontade de seguir os modelos arquitetônicos da 12ª dinastia. Amenhotep I e sua mãe Ahmés Nefertari foram o objeto de um culto muito duradouro na época dos Ramsés. Amenhotep era mesmo considerado pelo clero tebano e pelos funcionários reais como o verdadeiro fundador do Novo Império. Ignora-se a natureza dos direitos de Tutmósis I à sucessão do trono do Egito. Esse novo soberano é o primeiro a afirmar claramente uma política imperialista. Entre as construções do faraó em Karnak, o Tesouro edificado ao norte do recinto de Amon é o único exemplar conservado desse tipo de monumento. Ele apresenta um plano assimétrico e tripartite formado por dois retângulos separados por um pátio com colunas. Na parte oeste há edificações de caráter religioso dispostas segundo um eixo norte-sul, assim como o repositório da barca[18] e o santuário, que são construções anteriores ao reinado de Tutmósis I. O conjunto dos depósitos é o elemento característico do Tesouro. O cuidado com que foram construídos e a sua ampla decoração indicam que não eram locais puramente utilitários. Como seu predecessor, Tutmósis I inspirou-se em modelos arquitetônicos do reinado de Sesóstris I. O reinado do filho de Tutmósis I, Tutmósis II, foi relativamente breve. É com a subida ao trono do Egito do filho ainda muito jovem deste último, Tutmósis III, que o Egito conhece sua primeira corregência comprovada. Durante a juventude do novo faraó, a regência foi assumida por Hatchepsut (sua tia e madrasta), o que nada tem de surpreendente, já que o rei não tinha idade para exercer as funções reais. Entretanto, essa regência se transformou progressivamente em corregência, durante a qual a rainha adquiriu todos os atributos de um soberano. Os especialistas ainda

---

18. Também conhecido como a Capela Branca de Sesóstris I. (N.T.)

discutem se Hatchepsut foi apenas corregente (e a data a partir da qual teria assumido a função) ou se houve usurpação do poder em seu proveito. No final do Médio Império e do Segundo Período Intermediário, mulheres, rainhas e esposas reais já haviam contribuído para manter a monarquia e desempenhado um papel importante, embora inabitual. Porém, Hatchepsut vai mais longe, construindo monumentos (como é o caso particular da Capela Vermelha) que depois, em sua maior parte, foram desmembrados e reempregados em construções anteriores. Seu templo funerário edificado em Deir el-Bahari constitui a marca da concepção arquitetônica original do reinado (templo em terraços). Os historiadores discutem as razões dessa destruição da memória da rainha-faraó. Buscaram os egípcios apagar um período da história que não correspondia à sua ideologia, como mais tarde foi feito em relação ao reinado de Akhenaton? Ao que tudo indica, essas destruições foram ordenadas por Tutmósis III; mas quais eram suas motivações? Não é certo que ele buscasse apagar o nome de Hatchepsut; talvez quisesse apenas tomar para si os monumentos que a rainha edificou.

Nesse momento do Novo Império, começam os reinados dos reis conquistadores. Os maiores chefes de guerra da história egípcia foram Tutmósis III, Amenhotep II e Tutmósis IV. No que se refere ao primeiro, é às vezes difícil dissociar os atos contemporâneos da corregência dos atos de Tutmósis III quando é ele o único soberano do Egito. Mas em muitos casos a distinção é possível. Assim, em Karnak, Tutmósis III fez erigir uma parede diante das salas de Hatchepsut, nela inscrevendo anais que relatam unicamente suas conquistas e sua política econômica. O Akhmenu (em Karnak), monumento de celebração monárquica, pode igualmente ser atribuído apenas à glória de Tutmósis III. Tutmósis IV foi um dos soberanos menos conhecidos da 18ª dinastia, não porque não teve um papel importante, mas porque seu reinado foi bastante curto. Por muito tempo prevaleceu a opinião de que o rei não era o herdeiro legítimo e que só subiu ao trono após ter afastado os rivais. Essa hipótese se baseia principalmente na leitura e na interpretação da estela dita do "Sonho". Como seu predecessor Amenhotep II, é por uma estela (no caso, a do "Sonho") que o novo soberano revela a seus contemporâneos o relato de um episódio extraordinário de sua vida que o designou como o eleito dos deuses: o jovem príncipe, adormecido aos pés da Esfinge de Gizé, tem um sonho no qual a Esfinge lhe promete a realeza se ele mandar restaurar e tirar a areia da estátua. Hoje, Tutmósis IV é considerado o sucessor legítimo do seu pai, Amenhotep II. O reinado de Amenhotep III precedeu e contém alguns sinais de um dos grandes episódios da história egípcia, o período amarniano, de que falaremos adiante. Seu reinado, particularmente longo, corresponde a um período de prosperidade e de paz. Entre suas grandes construções, a do templo de Luxor é ainda uma das mais importantes.

II. A função de vizir e o governo

No Novo Império, a emergência da administração do deus dinástico Amon tende a modificar a paisagem institucional. Por outro lado, o Novo Império foi um período em que as inúmeras conquistas proporcionaram uma quantidade inigualável de produtos e de objetos preciosos, obtidos como tributo ou como butim. O império também favoreceu os contatos com outros Estados, especialmente os da bacia mediterrânea. A adaptação das instituições, portanto, deve ter levado em conta o mundo que cercava o Egito. No Novo Império, a função de vizir foi dividida entre Tebas e Mênfis. Provavelmente foram os imperativos econômicos e as responsabilidades cada vez maiores geradas pelo império que tornaram necessária a divisão dos encargos no mais alto nível do Estado. Embora o vizirato seja atestado desde a criação do Estado egípcio, foi preciso esperar o reinado de Tutmósis III para que um texto enumerasse a totalidade das prerrogativas que pertencem a esse elevado cargo. O texto chamado "Os deveres do vizir" é uma fonte de informações fundamental. Antes, somente os estudos prosopográficos (estudos das diferentes funções ocupadas pelos administradores durante suas carreiras) permitiam compreender a organização dos serviços centrais. O texto dos deveres do vizir é conhecido principalmente pela grande inscrição do túmulo (TT100) do vizir Rekhmirê, em Gurna. O vizir tem atribuições civis e religiosas ligadas ao deus dinástico Amon, como o recolhimento de impostos e tributos trazidos pelos responsáveis de todo o Império e depois guardados no tesouro do templo de Amon em Karnak. Os inúmeros encargos do vizir podem ser agrupados em três conjuntos: assistência ao rei e ao executivo, gestão do domínio real e administração civil do país. É ele, em particular, que nomeia e controla os funcionários que exercem as mais altas responsabilidades. Para exercer suas funções, o vizir conta com uma equipe de sua confiança.

Os esforços de guerra dos reis, no começo da 18ª dinastia, favoreceram a criação de um exército profissional composto de infantaria e carros de combate. Militares de alto nível, particularmente escolhidos pelo rei, podiam receber missões junto a príncipes estrangeiros, cujas terras longínquas eles conheciam bem. Durante o Novo Império, na Núbia, toda a região compreendida entre Elkab e as proximidades da quarta catarata estava sob a autoridade egípcia. Esse vasto domínio do império, administrado por um vice-rei honrado com o título de "filho real de Kush", estava dividido em duas zonas: Uauat ao norte e Kush ao sul. O vice-rei se ocupava ao mesmo tempo de manter a ordem e de zelar pela extração do ouro. Supervisionava também a arrecadação de tributos pelos governadores das cidades e pelos chefes núbios. Alguns dos mais belos túmulos do Vale dos Nobres representam desfiles de tributos que provinham das diferentes províncias do império.

III. A atividade militar

O espírito de luta do soberano é valorizado desde o começo da 18ª dinastia. O novo tema ideológico da apropriação do mundo passa pelo controle do espaço egípcio, mas também pela extensão das fronteiras. Essa apropriação se materializa especialmente na decoração dos templos, onde encontramos tanto imagens do massacre de inimigos quanto a inscrição de listas de países e cidades conquistadas. O tema dos Nove Arcos (isto é, o conjunto das populações submetidas aos poderes dos reis) vai adquirir uma importância particular no Novo Império, especialmente na titulatura dos soberanos da época. O Novo Império é a época em que o Egito conhece suas fronteiras mais largas: ao norte, uma estela-fronteira se encontra no Eufrates; ao sul, uma outra estela-fronteira foi colocada junto à quarta catarata do Nilo. As grandes campanhas militares desse período foram feitas em nome e em proveito do grande deus dinástico Amon. As guerras que os soberanos do começo da 18ª dinastia empreenderam em direção à Ásia decorriam provavelmente de considerações políticas e comerciais. Os exércitos egípcios asseguraram a salvaguarda dos interesses comerciais do país restabelecendo sua influência em Biblos e reconquistando o controle das rotas comerciais terrestres na Palestina, na Síria e no Mitani.[19] Tutmósis III adotou a política mais sistemática no Oriente Próximo. Seu principal adversário foi o soberano de Mitani, mas o jogo das alianças levou o faraó a enfrentar forças distribuídas desde o corredor sírio-palestino até o Eufrates. Os anais de Tutmósis III que apresentam o relato das conquistas do soberano dividem-se em dezessete capítulos,

---

19. Reino da Alta Mesopotâmia. (N.T.)

nos quais figuram cinco relatos de conquistas. As outras operações descritas são breves e destinadas a prevenir ou a reprimir revoltas. Os dois últimos capítulos apresentam inventários de prisioneiros e do butim trazidos para o deus Amon. As campanhas de Tutmósis III parecem ter começado no ano 22 do seu reinado; a última sendo atestada no ano 39. O filho e sucessor de Tutmósis III, Amenhotep II, foi aparentemente o digno herdeiro do império. Ele conduziu três campanhas importantes na Ásia para esmagar várias insurreições. Os interesses egípcios na Núbia foram igualmente o objeto de campanhas de conquistas e expandiram a fronteira até a quarta catarata. Essa expansão provocou o desaparecimento do poderoso reino de Kerma. Antes de Amenhotep II, Hatchepsut já se orgulhava de ter "redescoberto" o país de Punt, pois a rota que levava a essa terra longínqua e de grandes riquezas parecia estar perdida desde o Antigo Império. A rainha-faraó não queria mais depender de intermediários para obter os produtos de Punt. Uma grande representação nas paredes do templo de Deir el-Bahari mostra, em particular, o encontro dos enviados reais com a "rainha" do país de Punt. Hatchepsut também inaugurou a prática da consulta oracular a Amon: antes da expedição a Punt, foi a Karnak a fim de consultar Amon por intermédio de um oráculo. Todos os benefícios da expedição foram reservados aos deuses. No reinado de Amenhotep III, não há sinais de conflito entre o Egito e a Ásia. Nessa época, os mitanianos já eram aliados fiéis do Egito. Mas, no Oriente Próximo, o equilíbrio de forças parece se modificar com a ascensão dos hititas[20]. Mesmo não havendo conflito na Ásia durante o reinado de Amenhotep III, este empreende uma intensa política diplomática. Depois das grandes conquistas, o Egito estabelece um protetorado garantido por guarnições egípcias em locais estratégicos e reforçado por sutis jogos diplomáticos (casamentos e reféns). Nesse sentido, os soberanos egípcios tentaram criar uma política de aculturação. Desde o reinado de Tutmósis IV, casamentos ligavam as cortes do Egito e de Mitani. Amenhotep III desposou pelo menos duas princesas mitanianas e uma babilônica. As declarações de amizade e as trocas de presentes entre as cortes, apoiadas ou não sobre tais alianças, parecem ser os temas principais da correspondência diplomática entre os soberanos. O dossiê das cartas de Amarna constitui um conjunto extremamente precioso. A maior parte dessas cartas provém de cortes estrangeiras; somente algumas são cópias das mensagens egípcias. Todas foram redigidas entre os reinados de Amenhotep III e de Akhenaton.

IV. A época amarniana

A transição entre o reinado de Amenhotep III e de seu filho Amenhotep IV é marcada por um debate, ainda atual, sobre a existência de um período de corregência entre os dois soberanos. A comunidade científica se divide sobre essa questão fundamental da cronologia do

---

20. Povo da Antiguidade que habitou a Ásia Menor em cerca de 1900 a.C. (N.E.)

Novo Império. A mais antiga corregência absolutamente certificada é a de Hatchepsut e Tutmósis III. No entanto, no sistema egípcio, a corregência não é uma prática de governo estabelecida e sistemática. Já em 1899, W.M.F. Petrie lançou a hipótese de uma partilha do poder entre os dois reis. Tal questão ganhou um novo impulso com as descobertas de el-Amarna. Diversos documentos encontrados pareciam ser argumentos em favor da presença de Amenhotep III nesse lugar. Como Amenhotep IV só fundou sua nova "capital" no ano 5 do seu reinado (e provavelmente não a habitou antes do ano 6), pôde-se supor que o pai havia vivido ainda nos seis primeiros anos do reinado do filho. A duração máxima proposta pelos partidários da corregência é de onze anos. Há muitos indícios de uma corregência, mas nenhum de natureza indiscutível para encerrar o debate. Tomemos o exemplo de uma figuração encontrada em Assuã: a cena foi criada por dois chefes escultores, Men e Bak, respectivamente em função nos reinados de Amenhotep III e de Amenhotep IV. A representação mostra os dois soberanos como se estivessem vivos. Mas nada nos permite afirmar que Amenhotep III aparece ali a título póstumo, o que não é raro na documentação egípcia. Os argumentos em favor da ausência de uma corregência são igualmente numerosos. Em três cartas encontradas nos arquivos de el-Amarna, fica claro para os dois soberanos estrangeiros que as escreveram que Amenhotep IV só subiu ao trono após o desaparecimento de Amenhotep III. Em todo caso, se Amenhotep IV foi associado ao trono enquanto o pai ainda vivia, ele não parece estar implicado na condução da política exterior, o que é bastante surpreendente. Assim, o debate continua aberto à espera de uma nova documentação indiscutível em favor de uma ou de outra teoria.

Nada se sabe de Amenhotep IV antes do seu advento. Os elementos marcantes do seu reinado são principalmente a mudança da capital, fundada numa terra virgem, e a transferência da administração para el-Amarna; uma estrutura dos templos até então inédita, com a utilização dos *talatats*[21]; a introdução da divindade solar sob a forma de Aton e o debate relativo à primeira forma de monoteísmo; e, por fim, uma mudança na arte da representação que os especialistas qualificam de "realista".

Apesar da abundância da documentação, esse período comporta mais enigmas do que qualquer outro. O reinado de Amenhotep IV – que no ano 6 do seu reinado muda a titulatura e passa a usar o nome de Akhenaton – pode ser dividido em dois períodos: o período tebano (do ano 1 ao 6) e o período amarniano, a partir do qual o faraó muda de nome. Nefertiti foi uma figura essencial do reinado. Amenhotep IV casou com ela provavelmente antes de subir ao trono, mas não temos nenhuma informação sobre suas origens. Antes da mudança da capital, quando o casal está ainda em Tebas, Nefertiti já tinha uma grande importância na monarquia. É às vezes representada massacrando "uma inimiga", erguendo a maça como um rei. Embora Nefertiti ocupasse uma posição privilegiada

---

21. Blocos de pedra que podem ser transportados por um só homem. (N.T.)

no reinado de Amenhotep IV, este praticou uma política de casamento diplomático como seus predecessores, especialmente com uma princesa mitaniana. No começo do reinado, a política de Amenhotep IV não se distingue das anteriores. O período tebano desse faraó dura apenas cinco anos, provavelmente marcado por construções no Egito e na Núbia. Mas a maior parte dessas construções foram demolidas, dando lugar a edificações mais recentes.

É no ano 2 do seu reinado que Amenhotep IV confere a Aton (que não é um novo deus no panteão egípcio, aparecendo já citado nos textos das pirâmides do Antigo Império) o lugar que ocupava Amon-Rá. Todavia, não se sabe exatamente quando apareceram as primeiras manifestações da religião de Aton. É conhecida a localização de várias obras construídas no estilo novo inaugurado pelo soberano (os *talatats*). A decisão de deixar Tebas corresponde a uma virada fundamental no pensamento do rei, pois ao mesmo tempo ele muda de nome e modifica profundamente toda a sua titulatura. Segundo a tradição, a escolha de um local totalmente inabitado foi guiada pelo próprio deus. No entanto, outras considerações não expressas podem também ter motivado a escolha do soberano de deixar Tebas, como a situação relativamente protegida de el-Amarna. Esse local, parcialmente coberto pelas culturas e por várias aldeias modernas, destruído pelos homens e pela erosão, foi resgatado muito incompletamente. Nenhuma muralha foi prevista para a cidade, já que o lugar é naturalmente protegido pelas falésias em volta. O centro possuía em particular dois templos dedicados a Aton, dois palácios, imensos setores domésticos e prédios administrativos. As representações nas paredes dos túmulos amarnianos permitem completar a visão de alguns setores da cidade. Como no reinado precedente, os altos funcionários de Amenhotep IV estão diretamente colocados sob a autoridade do rei ou dos membros da família real, e não sob a das grandes entidades institucionais (palácio, residência etc.). No que se refere à política exterior do Egito, as intervenções do faraó na Núbia são raras, limitadas ao começo do reinado e localizadas ao sul da segunda catarata. Há informações mais importantes sobre seus contatos com a Ásia.

V. Os soberanos do final da 18ª dinastia e da época raméssida

A documentação imediatamente após a morte de Akhenaton é tão ambígua que deu ensejo a numerosas reconstituições. Como esse dossiê ainda está sendo estudado, nos limitaremos a resumir muito brevemente a situação. Uma rainha-faraó teria reinado no Egito. Alguns propuseram a hipótese de que pode ter sido Nefertiti, a esposa de Akhenaton, mas essa hipótese ainda é objeto de muitas controvérsias, e outros nomes foram propostos. Um segundo soberano aparece na documentação, de nome masculino; portanto, distinto do da rainha-faraó. Assim, dois faraós talvez tenham reinado paralelamente nessa época.

Acerca de Tutankhamon, sua identidade permanece obscura. Nenhum documento fornece qualquer indicação sobre seu pai ou sua mãe, ainda que esse soberano busque se aproximar da linhagem dos Tutmósis. Nada permite hoje deslindar essa questão. Os sucessores de Tutankhamon, Ay e Horemheb, já tinham uma longa história antes de chegarem ao trono do Egito e não tinham sangue real. O reinado do "pai divino", Ay, foi breve. No reinado de Akhenaton, Ay já parecia ocupar uma elevada posição. No de Tutankhamon, ele se encontra igualmente próximo ao rei. Ay é uma figura difícil de se entender: trata-se de um protetor do jovem rei ou de um homem ambicioso que soube se colocar? De todo modo, segundo a documentação, o novo soberano buscou levar adiante a obra do jovem faraó. Como a última tentativa de manter a dinastia fracassa com o reinado de Ay, morto sem descendência masculina, um outro alto funcionário, Horemheb, sobe ao trono. O reinado dele, no que se refere à ideologia, está mais próximo da 19ª dinastia. O culto que os reis raméssidas[22] prestaram a Horemheb é provavelmente o sinal de que ele fundou uma nova dinastia. Assim, a ruptura dinástica parece situar-se no reinado de Horemheb, e não depois. Horemheb também teve uma longa carreira antes de subir ao trono. É possível que tenha iniciado sua carreira militar ainda no reinado de Akhenaton, embora não haja testemunhos disso. Não sendo filho de rei, Horemheb explicou, no texto da "coroação", sua subida ao poder e a maneira como um alto funcionário plebeu pode ser reconhecido como filho e herdeiro

---

22. Os Ramsés. (N.T.)

dos deuses. Não tendo tido herdeiro masculino, nem ao menos um que lhe sobrevivesse, Horemheb transmitiu a realeza a um outro militar, um general originário do Delta que fundou uma nova dinastia, a dos Ramsés. Na escolha de Ramsés I havia um motivo sucessório: este, ao subir ao trono, já tinha um filho e um neto. Após seu breve reinado, Ramsés I foi sucedido por seu filho Séti I, que já desempenhara um papel ativo durante o reinado do pai, sem que isso significasse uma corregência.

Embora não tenha sido o fundador da 19ª dinastia, Ramsés II, que reinou durante 66 anos, é considerado a figura emblemática desse período. Com a morte do seu sucessor, Merenptah, começa um período de conflitos familiares que marcarão a história do Egito até o final do Novo Império. Desde o início do seu reinado, Merenptah havia designado como sucessor seu filho, o futuro Séti II, cujo reinado será curto e sofrerá uma interrupção. No ano 2 de Séti II, Amenmés, um pretendente mais do que um usurpador, apresenta-se como rival do herdeiro legítimo. Pouco se sabe sobre a identidade desse personagem e o direito que possuía para reivindicar o trono. Talvez pertencesse a uma das numerosas linhagens paralelas da progenitura de Ramsés II. Talvez houvesse um laço de parentesco entre Amenmés e Séti II. Algumas indicações fazem supor que Amenmés começou seu reinado no sul, na Núbia, região que gozava de uma certa autonomia em função do afastamento da residência real (situada nessa época em Pi-Ramsés, no Delta). Séti II, que devia ser um homem maduro ou mesmo idoso ao tornar-se rei, teria tido várias esposas. A mais conhecida é certamente Tausert, que sobreviveu a Séti II e subiu ao trono no final da dinastia. Após o desaparecimento de Amenmés, Séti II, que se refugiou durante o reinado do rival, volta ao poder por uma curta duração (um ou dois anos). Siptah, o sucessor de Séti II, morreu muito jovem e foi o objeto de muitas intrigas. Com a morte de Siptah, as ambições da rainha Tausert a levaram ao trono do Egito. Ao tomar o poder, a rainha-faraó contabiliza seus anos de reinado a partir da morte de Séti II como se ela fosse seu sucessor direto. A reconstituição do final da 19ª dinastia ainda hoje é objeto de dúvidas, mas ela mostra bem o ambiente ao fim da dinastia.

A 20ª dinastia foi marcada principalmente pela personalidade e a obra de Ramsés III. O reinado de Sethnakht, seu pai, foi muito curto e agitado pelas crises de sucessão às quais ele pôs fim. Depois de Ramsés III, que teve um longo reinado (cerca de trinta anos), oito outros Ramsés são atestados (de Ramsés IV a Ramsés XI) num período de aproximadamente setenta anos. Essa sucessão muito rápida deixou pouco tempo a cada um dos soberanos para estabelecer uma política pessoal. Entre o final do reinado de Ramsés III e o de Ramsés XI, inúmeras crises sociais favorecem a fortalecimento das prerrogativas do domínio de Amon. Nesse período, não há campanhas militares no estrangeiro antes do reinado de Ramsés XI. O que não é necessariamente o sinal de uma situação serena, a julgar pelos numerosos conflitos que os soberanos do período seguinte tiveram de enfrentar, mas sim de uma incapacidade de controlar a situação do império, tal como fora reconstituído pelos primeiros raméssidas.

1. **A política interna** – O reinado de Horemheb foi profícuo em iniciativas importantes para o país e para a realeza. É o decreto de Horemheb, inscrito numa estela diante da porta do X pilar de Karnak, que nos oferece o exemplo mais comprobatório. Juntamente com os deveres do vizir, com o relato de um processo conservado nas paredes da tumba de Més (um litígio sobre terras agrícolas cujas múltiplas peripécias se estendem do reinado de Akhenaton ao de Ramsés II) e com o papiro Wilbur (que data provavelmente de Ramsés IV), esse decreto é um dos quatro documentos administrativos do Novo Império que temos à nossa disposição. Nada subsiste, na estela, da titulatura do rei que o promulgou. Contudo, na ausência de novos dados que permitam resolver definitivamente a questão, o decreto foi atribuído a Horemheb. Esse decreto punha ordem num certo número de disposições abusivas, suprimindo impostos, taxas e corveias, protegendo bens e pessoas ligadas a diversas instituições. Ele é instrutivo sobretudo no que se refere à reforma da justiça, que o rei quis gratuita, íntegra e incorruptível. Os casos jurídicos eram primeiramente submetidos à corte superior, que, após pronunciar seu veredito, delegava um de seus membros para resolver, de acordo com o tribunal local, as questões de detalhe.

Entretanto a colocação em ordem do país não é a única preocupação dos reis do Novo Império. Ao longo de toda a história egípcia, a exploração de minas e pedreiras motivou importantes expedições financiadas pelo próprio soberano. O ouro, proveniente sobretudo das minas da Núbia, era uma das grandes riquezas do Egito, sendo explorado principalmente a partir dos veios de quartzo. Essa exploração monopolizava uma parte da administração egípcia. A partir da 19ª dinastia, a documentação mostra a dificuldade crescente de abastecer com água as equipes que trabalham nas minas de ouro; a produção estava em declínio nesse momento, declínio que não cessou de se acentuar até o fim do Novo Império. Um documento (o papiro Harris) do reinado de Ramsés III, último grande soberano do Novo Império, atesta a riqueza dos templos, em particular do templo de Amon. No mesmo período, o Estado parece descuidar-se do bem-estar dos trabalhadores de Deir el-Medineh, encarregados de montar e decorar as sepulturas reais no vale dos reis.

O principal beneficiário das disposições tomadas no papiro Harris foi o templo de milhões de anos do próprio Ramsés III: Medinet Habu. Esse tipo de templo, construído para homenagear o faraó e concretizar sua união com o divino, era destinado antes de tudo ao culto real. Embora o culto funerário só tivesse realmente efeito no momento da morte do faraó, o templo já estava em atividade enquanto ele vivia, para glorificar os atos do soberano e o ato divino que o engendrou. No início do Novo Império, os faraós construíram um templo de milhões de anos cujos trabalhos começaram provavelmente junto com seu reinado. A arquitetura, desde o começo do Estado faraônico, era considerada pelos soberanos como um dos modos de expressão do seu poder. Ramsés II costuma ser visto como um grande construtor egípcio, embora não seja o único raméssida a empreender um programa arquitetônico de envergadura. Pode-se ler o nome de Ramsés inscrito em muitas obras de quase todos os lugares do Egito. Convém distinguir, porém, as obras pessoais do rei dos monumentos que ele concluiu, decorou, aumentou ou "usurpou". Os monumentos que pertencem inteiramente ao rei são sobretudo os sete templos que ele mandou edificar na Núbia. No Egito, os templos seguramente fundados e construídos por Ramsés II são principalmente o Ramesseum e o seu templo de Abidos. Ramsés II edificou também uma nova capital e, a partir do seu reinado, a residência real se instalou em Pi--Ramsés, no Delta egípcio. No entanto, Mênfis e Tebas conservaram, na época raméssida, um papel preeminente na vida política do império. Convém sublinhar que a noção de "capital" é inadequada para o Egito faraônico, pois a residência real e a sede do governo podem estar associadas ou separadas. Nos anos 1970, Pi-Ramsés foi localizada na aldeia atual de Qantir. O deslocamento da residência real para o Delta facilitou a política estrangeira dos soberanos raméssidas, voltada em grande parte para o Oriente Próximo. Além disso, a cidade permite controlar as duas principais vias de comunicação, marítima e terrestre, entre o Egito e o Oriente Próximo. Os monumentos de Pi-Ramsés foram inteiramente desmontados para serem reutilizados, durante o Terceiro

Período Intermediário, na construção de Tânis, a nova residência real.

No final do Novo Império, irrompeu uma crise social que já vinha se manifestando desde o reinado de Ramsés III. A documentação atesta uma escassez principalmente em Deir el-Medineh, mas não foi somente nessa aldeia que houve fome. Há documentação abundante sobre Deir el-Medineh. Além disso, sua população era talvez mais culta que a do resto do país; portanto, menos inclinada a se resignar. Parece que as desordens se devem sobretudo à má administração da região e à incompetência de alguns responsáveis. Os trabalhadores abandonaram a aldeia com suas mulheres e filhos. A revolta não consistiu necessariamente em abandonar o lugar de trabalho, mas sim o lugar de residência: deslocando-se para junto dos templos da região (por exemplo, o templo de Medinet Habu), os trabalhadores podiam encontrar ali alimento, água e também pessoas a quem exprimir suas queixas. Os distúrbios surgidos no ano 29 de Ramsés III foram provisoriamente acalmados por uma distribuição de víveres, bebidas e roupas, mas a agitação recomeçou no mês seguinte pelas mesmas razões. Os serviços centrais pareciam se mostrar ausentes na resolução do conflito, e o vizir responsável pelo Alto Egito foi acusado de desviar as rações destinadas aos trabalhadores. A corrupção é frequentemente denunciada na documentação papirológica do final da 20ª dinastia. Um papiro datado de Ramsés V revela um escândalo em Elefantina, mostrando a que ponto haviam se espalhado a corrupção e a desonestidade.

O responsável por esse escândalo era um sacerdote do templo de Khnum em Elefantina, cujas prevaricações começaram sob Ramsés III e prosseguiram sem obstáculos até o ano 4 de Ramsés V.

Os reinados dos últimos faraós foram também marcados por pilhagens no vale dos reis. Nos anos 16 e 17 de Ramsés IX, o vizir Khaemuaset dirige inquéritos sobre violações feitas tanto nos túmulos reais quanto no vale das rainhas e nos túmulos dos nobres. No final do Novo Império, observa-se uma autonomia crescente dos templos em relação à autoridade civil do vizir.

2. **A política externa** – No final da 18ª dinastia, o equilíbrio de forças no Oriente Próximo havia se transformado radicalmente, a partir da época dos tratados assinados entre o Mitani e o Egito no começo do Novo Império. O poder hitita se reconstituíra por iniciativa do soberano Supiluliuma I, enquanto o império mitaniano se achava dividido entre um Mitani ocidental sob protetorado hitita e um Mitani oriental dependente da Assíria. Essa mudança modificou as relações de força no Oriente Próximo, e a monarquia hitita tornou-se o principal interlocutor e rival do Egito, sobretudo para a dominação das cidades sírias.

Desde o início da 19ª dinastia, dificuldades se fazem sentir na Ásia para os soberanos egípcios. Séti I é obrigado a ir à Palestina e à Síria para reafirmar a autoridade egípcia sobre essas regiões. Os problemas não se limitam a essa parte do Império, pois os núbios, por exemplo, também obrigam o soberano a entrar em guerra. Na sala hipostilo do templo de Amon em Karnak, o rei é mostrado percorrendo em seu carro de combate a estrada que acompanha o litoral mediterrâneo do Sinai até a Palestina e a Síria. Na Ásia, ele conquistará praças fortes inimigas.

O engajamento militar de Ramsés II e de seus filhos se baseou igualmente numa política exterior ativa. No entanto, desse longo reinado restam sobretudo testemunhos de uma paz sólida, com exceção da célebre batalha de Qadesh que opôs Ramsés II, no ano 5 do seu reinado, ao soberano hitita Mutawali e aos aliados deste, Mitani, Arwaza, Anatólia e Síria. Porém, a batalha nada resolveu, e a região continuou nas mãos dos hititas. Um tratado de paz entre Hatusili III, o soberano hitita, e Ramsés II foi assinado no ano 21 do reinado deste último. A assinatura desse tratado se inscreve num contexto de mudança da política geral no Oriente Próximo. O essencial do acordo consistia num compromisso recíproco de não agressão e de apoio em caso de ataque exterior. Sob o reinado do sucessor de Ramsés II, Merenptah, o equilíbrio obtido se desfez tanto no leste quanto no oeste e no sul. Merenptah dirigiu uma campanha na Ásia durante a qual atacou várias cidades palestinas e um grupo chamado "Israel" (é a mais antiga menção desse termo). Através do vice-rei de Kush, uma repressão também foi feita na Núbia. Todavia, a verdadeira ameaça era a que os líbios faziam pesar sobre o Delta ocidental, tendo por objetivo final a conquista de Mênfis. Embora o exército egípcio tenha conseguido controlar a situação, a ameaça persistiu, pois os líbios vencidos se instalaram no local. Houve problemas também com uma outra população, designada globalmente como "os povos do mar", mas o perigo se concretizou sobretudo durante o reinado de Ramsés III. Este parece ter sido o último faraó sob o qual uma certa presença egípcia é assegurada na Ásia.

Sob a 20ª dinastia, a ocupação da Núbia não foi constante. Somente Ramsés III, Ramsés IV e Ramsés IX têm sua presença atestada nos sítios núbios. Nessa região, os vice-reis de Kush não eram mais escolhidos, como sob a 18ª dinastia, no meio tebano do domínio de Amon, mas entre os quadros superiores do exército. O rei era o chefe supremo do exército. Desde crianças, os príncipes eram treinados na arte da caça e no manejo das armas, sendo a seguir engajados como generais do exército real. Foi assim que o jovem príncipe Ramsés (o futuro Ramsés II) participou das campanhas militares do seu pai, Séti I. No final da 18ª dinastia, os efetivos do exército aumentaram consideravelmente, reforçados pelo ingresso de muitos mercenários. Geralmente eram prisioneiros, núbios sírio-palestinos, beduínos, líbios e "povos do mar" alistados à força. No reinado de Ramsés II, o exército era constituído por dois terços de mercenários e um terço de egípcios. Até o final da 18ª dinastia, o exército terá dois corpos com guarnição no Alto Egito (divisão de Amon) e no Baixo Egito (divisão de Rá). Com o crescimento da ameaça hitita, Séti I criou um terceiro corpo colocado sob a proteção de Seth (divisão de Seth). Ramsés II, por sua vez, criou um novo grupo de elite (divisão de Ptah). Com a criação do Império, o exército e seus membros passaram a ter cada vez mais importância na vida civil e política do Egito. Ao longo da 20ª dinastia, assiste-se a uma subdivisão progressiva das responsabilidades, assumidas, esparsamente, por pessoas inicialmente não qualificadas para exercê-las. Sob o reinado Ramsés XI, por exemplo, é o escriba do Túmulo que deve arrecadar nas aldeias os impostos destinados, entre outras coisas, a pagar os salários de seus homens.

A multiplicação dos distúrbios e dos escândalos provocou uma degradação irreversível dos valores mais profundos da sociedade egípcia. O Novo Império foi marcado pela expansão imperialista. Num primeiro momento, essa expansão favoreceu um afluxo de homens, técnicas e crenças novas, provocando uma ampla abertura da civilização faraônica às culturas estrangeiras. Num segundo momento, o afluxo das riquezas ajudou a prosperar uma parte do país. Contudo, no fim da época raméssida, o Egito passa por uma crise econômica, provavelmente por ter perdido o controle do Oriente Próximo, pois eram os tributos e as taxas sobre matérias brutas ou manufaturadas dos países dessa região que contribuíam até então para a riqueza egípcia.

Capítulo V

As dominações estrangeiras

Nos últimos séculos de sua história antiga, o Egito se vê ora dividido entre poderes rivais (egípcios e de origem líbia), ora reunido sob a dominação de um reinado nativo, ora, ainda, sob a influência de várias dominações estrangeiras que procuraram manter as tradições egípcias.

I. Um período de transição: a 21ª dinastia

O final da 20ª dinastia foi um período agitado, mas notavelmente longo (cerca de 27 anos): o de Ramsés XI. O reinado desse faraó se dividiu em duas partes distintas: uma compreende os dezoito primeiros anos, durante os quais a anarquia parece ter reinado no Alto Egito; a outra, a partir do ano 19, consiste em uma retomada de controle dessa região por iniciativa do rei e sob o comando do primeiro profeta de Amon, Herihor. A diferença desse segundo período em comparação ao primeiro foi tão grande que a contagem dos anos do reinado foi abandonada e criou-se uma nova era, chamada "renovação dos anos". No final do Novo Império, o poder dos grandes sacerdotes de Amon aumentou ao mesmo tempo em que os serviços centrais se mostravam cada vez mais ausentes. Assim, Herihor acumulou, entre outras, as funções de vizir, de vice-rei de Kush e de chefe dos exércitos. Senhor dos recursos do sul, ele comandou o exército e o governo civil. Um outro exemplo do papel cada vez mais preponderante dos membros do clero na administração do país é o deslocamento das múmias reais no reinado de Pinedjem I. A fim de proteger os restos mortais de alguns dos soberanos do Novo Império das inúmeras pilhagens da época, os membros do clero decidiram reuni-los na sepultura de Amenhotep II no vale dos reis.

Embora não tenha chegado a ser rei do Egito, Herihor foi um personagem fundamental cuja política conduziu os pontífices de Amon ao trono. Pinedjem I, pontífice tebano, é o primeiro grande sacerdote de Amon que acumula as funções do pontificado e da realeza. No Baixo Egito, um contemporâneo de Herihor assumiu o poder, Smendés, fundador da 21ª dinastia tanita. O relato de Unamon mostra-o instalado em Tânis, de onde administra o Baixo Egito e faz comércio com a Ásia. Herihor e Smendés parecem ter mantido laços de cooperação em matéria de obras arquitetônicas e de relações comerciais; Smendés teria empreendido obras nos templos de Karnak e de Luxor. Daí por diante, o poder se acha dividido entre os reis-sacerdotes do Norte e os reis-sacerdotes do Sul. A 21ª dinastia é geralmente colocada no chamado Terceiro Período Intermediário, mas ela não pode ser dissociada da anterior nem cronologicamente nem ideologicamente, mesmo tendo proposto fórmulas novas. É possível a existência de eventuais relações familiares entre o último dos raméssidas e o primeiro soberano tanita. Smendés deslocou a residência real de Pi-Ramsés para Tânis na mesma região do Delta. As razões dessa mudança são diversas. A principal é provavelmente a criação de um novo domínio de Amon, o de Amon de Tânis, progressivamente edificado pelos soberanos da 21ª e 22ª dinastias. Daí por diante, os novos soberanos tanitas passaram a ser enterrados em Tânis, a nova "Tebas do Norte", nas proximidades do novo domínio de Amon. A distribuição das funções monárquicas entre pontificados tebanos e reinados tanitas ainda é relativamente incerta e pode ter variado ao longo do tempo. O peso dos novos dirigentes do Egito se reduziu muito fora de suas fronteiras, quer se trate dos territórios núbios ou das antigas possessões no Oriente Próximo. Mesmo assim, continuam a ser enviadas missões ao estrangeiro, como mostra a viagem de Unamon, encarregado de buscar no Líbano a madeira para a fabricação de uma nova barca *userhat* de Amon. Siamon foi um dos raros soberanos da 21ª dinastia que nos deixou registrado um acontecimento de sua política externa (transmitido pela Bíblia): ele casou uma de suas filhas com o rei de Jerusalém, Salomão, e lhe ofereceu em dote a cidade de Gezer na costa sírio-palestina, que recentemente havia conquistado.

II. O Terceiro Período Intermediário

A identidade, o número, a ordem de sucessão e os laços familiares dos soberanos são ainda imperfeitamente conhecidos, e descobertas nesses domínios são frequentes. O Terceiro Período Intermediário, como os outros períodos ditos "intermediários" da história egípcia, caracteriza-se por uma fragmentação do poder, dividido entre várias dinastias paralelas. Simultaneamente à 21ª dinastia, uma dinastia de chefes líbios se desenvolveu no Delta egípcio. O Novo Império, a partir das primeiras vitórias dos seus faraós, havia trazido um afluxo de estrangeiros ao Egito, desde prisioneiros a embaixadores. Razões para que houvesse estrangeiros de todos os países nas margens do Nilo não faltam. Conforme o caso, eles se agrupavam em colônias ou se integravam à população. No Novo Império, sob Amósis, emigrados empregados em obras de construção trabalham nas pedreiras de Tura. Encontramos em diferentes contextos trabalhadores núbios e asiáticos. Ramsés III havia instalado em Bubasto a maior parte dos prisioneiros capturados em suas campanhas líbias, a fim de resolver definitivamente os problemas que essa população apresentava. Os textos raméssidas citam duas etnias líbias: os *libu* e os *mechuech*. Os líderes dessas antigas tribos líbias conservaram o título que os egípcios lhes deram antes de sua integração, o de "grande rei dos Ma". Assim, embora essas populações estivessem instaladas desde aproximadamente um século no Egito, elas continuavam regidas por tradições líbias ainda muito vivas. A mais poderosa dessas tribos se achava em Bubasto. Chechonq I, fundador da 22ª dinastia, era originário dessa tribo e se comportou como sucessor dos raméssidas. Em particular, mandou construir vários templos de milhões de anos. Rei reconhecido em todo o Egito, Chechonq I desenvolveu uma verdadeira política estrangeira de combate. Tentou restabelecer contatos com os aliados tradicionais do Egito: Biblos e Núbia. Também se envolveu nas questões internas do reino de Israel. Seus sucessores imediatos mantiveram a mesma linha política. Osorkon I e Osorkon II empreenderam vastos programas arquitetônicos, especialmente no interior do templo da deusa Bastet, em Bubasto. Essa 22ª dinastia, até Chechonq III, continuou a reinar em Tânis, como os soberanos tanistas da 21ª dinastia. Mas, a partir do reinado de Chechonq III, uma nova dinastia, da mesma origem que a 22ª, veio fazer concorrência a esta última e agravar a confusão que reinava na repartição do poder no Egito. Pedubastis I fundou uma nova linhagem real paralela, a 23ª dinastia, em Leontópolis. Essa divisão do poder no Delta e no Médio Egito foi acompanhada de uma nova linhagem de pontífices tebanos, oriunda da antiga família com poder em Tebas. Assim, a divisão do poder não era mais apenas entre o norte e o sul, mas também no próprio Delta. É o que os historiadores chamam a "anarquia líbia". Durante o reinado de Osorkon III, soberano da 23ª dinastia, a situação evoluiu no Delta ocidental. No ano 767 a.C., constituiu-se em Saís uma chefia Ma que estendeu seu poder em detrimento dos outros chefes líbios. Sob Osorkon IV, a cidade de Saís era governada por Tefnakht. É a intervenção militar de um conquistador kushita[23], Piyé, que vai definir melhor essa situação. Tefnakht, adversário principal dos kushitas, agrupa as forças do Delta

---

23. Do reino núbio de Kush. (N.T.)

e se torna o líder da resistência líbia. A ameaça vinda do sul, portanto, permite essa aparente união política e fortalece o poder ascendente dos saítas (26ª dinastia). Foi esse fortalecimento que provavelmente autorizou Bocóris, filho e sucessor de Tefnakht, a constituir uma efêmera mas real 24ª dinastia. Piyé, por sua vez, tendo se tornado rei de Napata[24], decidiu conquistar o vale egípcio. No ano 21 do seu reinado, obteve uma vitória que é relatada em sua estela triunfal, escrita em egípcio e erigida em Napata, na qual afirma ter sido instado, pelos responsáveis locais do Sul e da Residência, a intervir para protegê-los e a opor-se ao avanço de Tefnakht. São mencionadas batalhas em Heracliópolis e em Hermópolis. Após a tomada de algumas cidades egípcias, Tefnakht teria enviado a Piyé uma mensagem de paz. Esse compromisso teria feito Piyé retornar à cidade de Napata, deixando o campo livre à 24ª dinastia saíta.

III. Os kushitas, os assírios e os saítas

Após o retraimento da administração egípcia no fim do Novo Império, a Núbia tornou-se progressivamente um reino poderoso e unificado sob a dominação da família real de Napata. Os séculos que separam o fim do Novo Império do surgimento da 25ª dinastia kushita ainda são pouco conhecidos. A cidade núbia de Napata foi até o momento apenas parcialmente explorada. Ignora-se como essa dinastia chegou à dignidade real. Com

---

24. Núbia. (N.T.)

o reinado de Kashta, os soberanos de Napata transformam-se em faraós tradicionais do Egito que as listas de Maneton identificam como a 25ª dinastia (a dinastia dos "faraós negros"). Desde a intervenção militar de Piyé, a aculturação dos soberanos do Egito é indiscutível, seja qual for sua origem. A realeza de Napata foi dominada pela presença do oráculo de Amon do monte Barkal (Napata), onde os "faraós negros" prosseguem em grande escala os trabalhos iniciados na região pelos egípcios setecentos anos antes (Novo Império). Entretanto, esses soberanos dissociaram o Amon de Napata, deus competente para reinar sobre os territórios situados fora do Egito, do Amon tebano, aquele que concede o poder sobre o Egito. Kashta reconhece a importância da função de Divina Adoradora em Karnak ao fazer sua filha adotar essa função. A instituição da Divina Adoradora de Amon, iniciada por Ahmés Nefertari, esposa de Amósis, vai se desenvolver até o Terceiro Período Intermediário. O título de "esposa do deus" Amon, inicialmente usado pelas rainhas e filhas dos faraós, tornou-se, com a 21ª dinastia, privilégio das filhas dos grandes sacerdotes de Amon. No reinado de Pinedjem I, a esposa de Amon, dotada de um cartucho nas inscrições hieroglíficas, permanece solteira a vida inteira. A sucessão se faz por adoção. Ao mesmo tempo em que sua presença como sacerdotisa era necessária ao cumprimento de ritos particulares, a Divina Adoradora de Amon tinha poder político, econômico e religioso. Essa instituição permitiu aos faraós kushitas ter um poder no domínio de Amon (a prática foi inaugurada por Osorkon III). Como esses soberanos não podiam continuamente estar em Tebas, eles atribuíam tal papel a uma mulher da sua família que ocupava a função de Divina Adoradora de Amon. Foi preciso esperar os reinados de Chabaka e seus sucessores para ver os soberanos kushitas se conduzirem como reis do Egito de forma regular, deixando no país os traços de uma política pessoal. Segundo Maneton, Chabaka foi o fundador da 25ª dinastia.

O Egito, mesmo enfraquecido, interessa não apenas aos núbios, mas também aos assírios. Durante a 25ª dinastia, a autoridade dos reis kushitas foi constantemente desafiada ou pelos oponentes do Norte, ou pelos soberanos assírios. No reinado de Taharqa, o soberano kushita disputou com os assírios Assarhaddon e depois Assurbanipal o território egípcio. Até então, tanto os primeiros profetas de Amon como a Divina Adoradora eram oriundos da família real kushita. No entanto, no reinado de Taharqa, um governador de Tebas e quarto profeta de Amon, Montuemhat, adquire o poder sobre o território que se estende de Elefantina a Hermópolis, conseguindo manter sua autoridade durante a ocupação assíria. Como prova do seu poder, Montuemhat inicia, no interior do seu domínio, programas monumentais dignos de um rei. Em 674 a.C., Taharqa consegue rechaçar uma tentativa de invasão assíria. Num segundo momento, ele é forçado a retroceder a Napata, onde morre em 664 a.C. Seu filho e sucessor, Tanutamon, lança uma nova ofensiva em Mênfis, a qual, apesar de vitoriosa, dura pouco, pois o exército assírio intervém novamente no conflito.

Durante o reinado de Taharqa e de Tanutamon, Nekau I governou a cidade de Saís. Temos poucas informações sobre esse personagem, mas ele parece ter assumido todas as prerrogativas de um faraó. Sob o reinado do seu filho e sucessor, Psamatik I, o Egito reencontrou a unidade. De fato, após séculos de "anarquia líbia" e de dominação kushita, o Egito recuperou, com a 26ª dinastia, sua independência política e seu brilho cultural. A 26ª dinastia, originária de Saís como a 24ª, da qual assumiu a herança, exerceu inicialmente sua autoridade apenas sobre o Delta ocidental. Psamatik I não foi o fundador da dinastia, mas seu reinado marcou uma ruptura materializada por uma extensão da influência da monarquia saíta. Depois da vitória de Assurbanipal e da fuga de Tanutamon para a Núbia, Psamatik I foi reconhecido pelo soberano assírio, em troca de sua submissão, como quem daí por diante devia governar o norte do Egito. O novo soberano saíta lançou então uma política audaciosa a fim de ampliar sua zona de influência, tentando tirar proveito das dificuldades assírias com o Elam.[25] As intervenções sucessivas dos senhores do império assírio no Egito nada tiveram a ver com as invasões precedentes efetuadas por estrangeiros. Os assírios tinham pouco contato com os egípcios no passado e se inquietavam somente quando estes faziam intervenções fora do seu território. Foi o que aconteceu quando Chechonq I interveio na política interna de Israel, ou quando o Egito e Biblos, no reinado de Osorkon II,

---

25. Antigo Estado vizinho da Caldeia que apoiou seguidamente a Babilônia contra os assírios. (N.T.)

enviaram 1.500 soldados para apoiar uma rebelião sírio-
-palestina contra as tentativas de anexação assíria.
Voltando a Psamatik I: ele se aproveita então das
dificuldades assírias com o Elam e se liberta progressivamente do seu protetor assírio. Em poucos anos, todos
os centros do Delta passam para o controle da administração saíta. Porém, a situação não era a mesma no sul
do Egito, que foi muito mais marcado pela dominação
kushita. Montuemhat continuava a governar em Tebas.
Não se sabe precisamente como Psamatik I se impôs no
sul do país, mas parece não ter havido conflito aberto.
O acontecimento mais marcante foi certamente o envio
da filha de Psamatik I, Nitócris, para ser a nova Divina
Adoradora de Amon, no ano 9 do seu reinado. Nem todos
os especialistas, porém, admitem que esse ato marque o
começo da dominação saíta no sul do Egito. Para alguns,
é somente após a morte de Montuemhat, no ano 16 de
Psamatik I, que este último domina realmente a região
tebana. A unidade do Egito refeita por Psamatik I contou
também com a ajuda de mercenários gregos (jônios e cários) engajados pelo novo soberano no momento de seu
confronto com os assírios e depois colocados nos confins
de uma rede defensiva. A utilização desses contingentes
estrangeiros no exército ocorria desde a época raméssida,
mas não conhecemos a organização de suas guarnições
antes do reinado de Psamatik I, quando há uma verdadeira integração de mercenários.

    A política arquitetônica desse soberano foi muito
dinâmica; contudo, nenhum dos monumentos que ele

edificou resistiu até hoje. O novo soberano desenvolveu relações comerciais com os gregos e instalou soldados gregos no Delta. O porto de Náucratis tornou-se um ativo centro de trocas. A influência de Psamatik I no Egito estendeu-se até o oásis de Dakhla no deserto líbico. Tanto ele como os seus sucessores também voltaram a desempenhar um papel na Ásia, diante da ascensão da Babilônia.

Apriés, filho de Nekau II, interveio sobretudo na Fenícia, dando seu apoio à revolta da região contra a Babilônia. Todavia, o soberano babilônio Nabucodonosor saiu vencedor desse conflito. Apriés é menos conhecido, através dos monumentos e das tradições, que seu sucessor, Amásis. Por volta de 560 a.C., Amásis enfrenta com êxito a agressão babilônia e reafirma a dominação política e comercial do Egito na Síria-Palestina. Os anos seguintes, no entanto, foram marcados pela emergência de um novo regime expansionista: os persas.

Os êxitos da dinastia saíta, que consegue aliar tradição e novidade, foram reconhecidos pela tradição posterior, que se lembra desse período como uma era de paz e prosperidade. Um dos fatos marcantes dessa dinastia saíta é o desenvolvimento de uma cultura arcaizante que tem suas raízes nos modelos do Antigo e do Novo Império. Em particular, os soberanos empreendem vastos programas de restauração de monumentos. A reestruturação administrativa foi também marcada pela influência do passado, reaparecendo na titulatura dos funcionários uma terminologia de tempos anteriores. Entretanto, embora a terminologia seja antiga, o conteúdo das funções parece ser diferente. Assim, o vizir não é mais o "primeiro-ministro", mas deve sua autoridade essencialmente às suas funções sacerdotais. Daí por diante, o poder estava repartido principalmente entre o exército e os templos.

O sucessor de Psamatik I, Nekau II, parece ter tido uma política estrangeira bastante ativa. Enviou contingentes armados ao Eufrates a fim de tentar conter o avanço dos babilônios na Assíria e na Síria. Durante o seu reinado, o Egito dominou por três anos a Palestina, a Fenícia e a Síria, mas seu exército foi vencido pelo soberano babilônio Nabucodonosor, que estendeu seu império até as fronteiras do Egito. Segundo Heródoto[26], esse faraó saíta também empreendeu a construção de um canal ligando o Nilo ao Mar Vermelho, cujas obras não foram concluídas. Sua vontade era ligar o Egito ao mundo exterior.

O reinado de Psamatik II, seu sucessor, foi particularmente breve. Ele empreendeu uma guerra contra o reino etíope de Napata. Em consequência de sua intervenção, a cidade de Napata foi destruída, e doravante é em Méroe, mais ao sul, que um reino se estabelece. Apriés, o filho de Nekau II, interveio na Fenícia, como dissemos. Segundo a tradição, seu reinado parece ter sido suplantado pelo de seu sucessor, Amásis. O reinado de Amásis ilustra os sucessos e as tensões do Egito saíta. Foram os gregos e os cários implantados no Egito desde

---

26. Heródoto foi um historiador grego nascido no século V a.C., considerado o "pai da história". (N.E.)

as vitórias de Psamatik I que levaram ao trono esse general. Ele se voltou então para as cidades gregas, aliando-se com Cirene e enviando presentes a Delfos e a Samos. Na Ásia, Amásis preferiu não intervir. No mesmo momento, Ciro da Pérsia anexava a Anatólia e a seguir a Babilônia. Os documentos relativos ao seu reinado atestam o seu papel de legislador em matéria de regulamentação fiscal e alfandegária. A personalidade de Amásis tornou-se legendária sobretudo através dos contos demóticos. Seu filho, Psamatik III, combateu a invasão persa.

IV. A dominação persa

Durante dois séculos, a partir de 545 a.C., a vida política e econômica do Egito foi dominada pelos invasores persas. O Egito conheceu dois períodos de dominação persa: o primeiro durou 120 anos. Os soberanos persas são representados no Egito por um sátrapa (governador de província do império persa), mas mesmo assim eles formam uma nova dinastia, a 27ª. Depois de sua libertação, o Egito conhecerá uma segunda dominação, que durou pouco tempo. Dispondo de meios para isso, os soberanos procuravam cada vez menos se envolver em assuntos de reinos muito afastados dos deles. Os saítas, por sua vez, estavam convencidos da utilidade de contatos ou de uma intervenção a longa distância.

No ano 525 a.C., em Pelusa, Cambises, filho de Ciro, enfrentou e venceu o faraó Psamatik III. O relato de Heródoto nos dá informações sobre essa batalha. Cambises, que parece ter penetrado no Egito pelo norte do Sinai, esmaga

Psamatik III em Pelusa, junto ao Nilo, e toma a cidade de Mênfis. Novo senhor do Egito, Cambises funda a 27ª dinastia. Contando com a submissão da Líbia e da Cirenaica logo após a derrota egípcia, ele avança também até a Núbia e o oásis de Kharga. Abandona o Egito três anos depois, deixando no comando do país um sátrapa, estabelecido em Mênfis, que usurpou o poder em seu proveito. Os persas vão incluir a satrapia do Egito em seu império durante 140 anos. Ao longo dessas duas dominações, o Egito mudou de estatuto. Até então, o país sempre conservara, mesmo sob poderes estrangeiros, uma identidade monárquica herdada do seu passado longínquo. Com a chegada dos persas, o Egito se torna uma simples parte do império aquemênida[27]. A administração adota a hierarquia aquemênida, e os documentos oficiais passam a ser redigidos em aramaico. Contudo, as estruturas tradicionais egípcias também eram utilizadas. Na época de Dario I, a administração e o fisco foram organizados, e uma compilação de leis egípcias foi redigida por ordem desse soberano. Dario I buscou manter a cultura, a religião, as leis e a economia do Egito, ainda que sua obra não impedisse a perda de uma parte da identidade egípcia sob a dominação persa.

Dario I reabriu as pedreiras do *uadi* Hammamat e retomou as obras de um canal entre os dois mares, abandonadas no reinado de Nekau II. Como Dario I, Cambises também procurou, antes dele, perpetuar as tradições egípcias, adotando uma titulatura completa e empreendendo

---

27. A dinastia Acmênida governou a Pérsia até a conquista do território por Alexandre, o Grande, em 330 a.C. (N.E.)

obras em numerosos templos do Egito. Enterrou dois touros Ápis nas catacumbas do Serapeum, em Saqqara. A história dessa prática é muito antiga. O touro Ápis era adorado em Mênfis, e seu enterro era o objeto de uma cerimônia ritual. Uma vez morto, o touro sagrado renascia sob um novo invólucro corporal.

Nos reinados seguintes e durante a segunda dominação persa, o interesse dos soberanos persas em favor das tradições egípcias parece diminuir. A chegada de Cambises fora relativamente bem acolhida pelas camadas mais altas da população, mas com o tempo os egípcios se cansaram da ocupação persa. Quando os persas entraram em luta contra os gregos, os egípcios aproveitaram para se insurgir contra seu poder. Uma primeira revolta irrompeu em 486 a.C., mas foi reprimida por Xerxes, o sucessor de Dario I. Após sua vitória, Xerxes colocou seu próprio irmão no comando de uma satrapia do Egito. As derrotas persas frente aos gregos continuaram sob o reinado de Xerxes. Quando este morre em Salamina, há um novo levante egípcio no momento em que Artaxerxes I sobe ao trono aquemênida, em 465 a.C. Desta vez a revolta é mais séria. Comandado por um príncipe líbio, Ianos, e um membro da antiga família saíta, Amirteu, o levante recebe o importante apoio dos gregos. Mas, após dezoito meses de conflitos, os persas conseguem se impor. Um acordo de paz entre eles e os gregos coloca o Egito em situação de inferioridade. É somente no reinado de Dario II que uma revolta decisiva restitui ao país sua independência durante algum tempo.

V. As duas últimas dinastias nativas: a 29ª e a 30ª

Um príncipe saíta, Amirteu II, filho daquele que já havia combatido Artaxerxes I, sublevou-se contra os últimos soberanos persas e fundou a 28ª dinastia, da qual foi o único soberano. Após sua coroação, adotou o nome de Psamatik V. Sua obra de reconquista nacional foi levada a cabo por Neferites I, príncipe de Mendes, que fundou, depois da morte de Amirteu II, a 29ª dinastia. Mas as rivalidades continuavam a provocar desordens no Delta e, após uma 29ª dinastia bastante curta, o filho de um general de Sebenitos, Nectanebo I, tomou o poder e inaugurou a última dinastia nativa do Egito, que desaparecerá sob a pressão dos persas, de volta ao país dos faraós. Essa sucessão agitada e rápida de oito reinados em 61 anos foi relatada numa composição literária pseudoprofética chamada *Crônica demótica.*

Durante o reinado de Dario II, os gregos e particularmente Esparta encorajaram o principal foco de rebelião que se instalara em Saís. Amirteu II revoltou-se abertamente em 404 a.C. e combateu durante mais de seis anos o poder persa. Após a morte de Dario II, fez-se coroar rei e estendeu seu poder até Assuã. Porém, temos poucas informações sobre seu reinado. O desfecho feliz dessa última revolta egípcia se explica principalmente pela situação que reinava no seio da família real persa, pois, com a morte de Dario II, irrompeu uma luta por sucessão entre Artaxerxes e Ciro II.

Amirteu II, o iniciador da reconquista do território egípcio frente ao invasor persa, é o único representante da 28ª dinastia. Não se conhecem exatamente as circunstâncias que prevaleceram no momento da sucessão entre Amirteu II e Neferites I, fundador da 29ª dinastia. Essa dinastia, originária de Mendes, teria chegado ao trono através de um golpe de Estado. Mendes, cidade do Delta oriental, situada num ramo secundário do Nilo, é atestada desde o Antigo Império. Durante a "anarquia líbia", ela abrigava um vigoroso principado, de importância crescente até a fundação da 29ª dinastia. Como Amirteu II, Neferites invocou seu ilustre antepassado da 26ª dinastia, Psamatik I. No templo de Amon-Rá em Karnak, atribuem-lhe o início da construção de um local de oferendas situado ao sul do lago sagrado. Após a morte do fundador da 29ª dinastia, a *Crônica demótica* registra rivalidades de sucessão. Um usurpador, Psamontis, subiu ao trono do Egito durante apenas um ano. A seguir, o poder foi retomado por um herdeiro legítimo, Achóris, que, na contagem dos seus anos de comando, fez desaparecer o reinado do seu predecessor. Achóris fez questão de afirmar suas relações com o fundador da dinastia, Neferites I, e seu filho e sucessor tomaria o nome de Neferites II. Nectanebo I, o fundador da 30ª dinastia, também invocou a herança de Neferites I. Mas é difícil determinar a sucessão entre essas duas dinastias.

Durante seu reinado, Achóris precisou combater um novo avanço dos exércitos persas (de 385 a 383 a.C.). A última dinastia nativa começa com o reinado de Nectanebo I, tendo o Egito escapado de uma nova invasão. Os persas só voltarão ao Egito, para uma segunda dominação, em 343 a.c., depois que Nectanebo II, o último soberano da 30ª dinastia, entrou em conflito com o novo soberano persa, Artaxerxes III. Este já havia tentado reconquistar o Egito. A situação interior do império persa evoluíra rapidamente com sua chegada ao trono, e, em 352 a.c., ele quase conseguiu reconstituir o antigo poderio persa, faltando-lhe apenas dominar o Egito, então relativamente isolado.

A segunda dominação persa, embora mais breve, foi muito mais odiada que a precedente. Apesar da instabilidade política que reinou nas duas últimas dinastias nativas, o país conhecera uma certa prosperidade. De fato, observa-se a retomada, no vale do Nilo, de programas arquitetônicos de grande envergadura, principalmente em homenagem aos deuses, numa atividade digna dos maiores monumentos da história egípcia. No reinado de Achóris, por exemplo, foram realizadas obras nos templos de Luxor, Karnak, Medinet Habu e Elkab. Também foram retomados trabalhos no templo de Íbis, em Kharga. Os últimos faraós nativos procuraram reconstituir as formas mais ortodoxas da realeza egípcia, embora adaptando-as a seu tempo. A exploração das grandes pedreiras também foi retomada nesse período.

A derrota e a fuga de Nectanebo II marcam o fim da independência egípcia. Artaxerxes III consegue reduzir novamente o Egito a satrapia em 342 a.C. Após a morte de Artaxerxes (338 a.C.), um faraó nativo, Kababach, lidera uma revolta contra o invasor e impõe-se por um breve momento, antes de cair diante do sucessor de

Artaxerxes III, Arses. Este último terá a mesma sorte que o pai, morrendo envenenado. Dario III Codomano toma então o poder. Ele reinará como faraó sobre o Egito até o final do império aquemênida.

Em 332 a.C., o choque entre a Macedônia e o império persa leva os exércitos de Alexandre Magno ao Egito. Os gregos substituirão os persas, e seu domínio mudará profundamente a face do país. Alexandre se apresenta à população egípcia como um libertador. Ele adora os deuses egípcios em Heliópolis e em Mênfis. Em 331 a.C., Alexandre entra em Mênfis como herói. Depois vai à foz do Nilo junto a Canopo e funda Alexandria. Ele chega também até o oásis de Siwa, onde se faz designar como faraó pelo oráculo de Amon. Assim como Cambises, o chefe guerreiro macedônio foi reconhecido pelo Egito como seu rei legítimo. Os próprios egípcios pediram a ajuda de Alexandre Magno, pois havia muito tempo que mantinham relações com os gregos. Assim, estes não eram vistos como invasores potenciais.

O último período da história do Egito faraônico (Terceiro Período Intermediário e Baixa Época) é marcado por numerosas dominações estrangeiras (núbias, assírias e persas). Mesmo as dinastias consideradas como nativas são de origem líbia ou se apoiam em forças militares gregas ou assírias. Esses estrangeiros, porém, buscaram muitas vezes restaurar e preservar as tradições do Egito, cuja civilização não cessou de fascinar as populações ao seu redor.

Conclusão

A chegada dos macedônios marca o fim da autonomia política do Egito. O país fora governado várias vezes por poderes estrangeiros, mas somente os persas tiraram dos faraós sua independência. Os outros invasores recuperaram para seu proveito as tradições monárquicas e alguns valores egípcios. Aparentemente, os Ptolomeus e os imperadores romanos também buscaram preservar essas tradições. No entanto, eles adotaram uma atitude variável frente à cultura do país, dando mais ou menos importância a seus próprios costumes ou associando-os a práticas egípcias conforme as circunstâncias.

O impacto real do Egito sobre a cultura dos povos estrangeiros, que buscaram assimilar uma parte de suas práticas, é difícil de avaliar. Com a cristianização do império romano, a partir do século V da nossa era, tudo o que caracterizava a cultura egípcia tornou-se desde então incompreensível. Certamente os textos gregos e latinos perpetuaram a lembrança da história desse povo, mas a transmissão do conhecimento do Egito deve ser distinguida das informações transmitidas pela documentação egípcia contemporânea. Já na obra de Heródoto, que visitou o Egito no ano 450 a.C., algumas passagens nem sempre parecem exatas, ainda que o livro do "pai da História" continue sendo para os egiptólogos uma fonte essencial de informações.

Há trechos inteiros da história faraônica que ainda não conhecemos e que talvez nunca chegaremos a compreender em profundidade. Embora muitos museus do mundo conservem magníficas peças que testemunham a história da civilização egípcia, as fontes são pouco numerosas. Essa penúria impede às vezes que se possa propor uma imagem contínua da história egípcia para todas as épocas da sua evolução.

Quadro cronológico

Época tinita	1ª dinastia (3150 a 2952 a.C.): Narmer, Aha, Djer, Uadji, Den, Adjib, Semerkhet, Ka.
	2ª dinastia (2925 a 2700 a.C.): Hotepsekhemui, Nebrê, Nineter, Uneg, Senedj, Peribsen, Khasekhemui.
Antigo Império	3ª dinastia (2700 a 2625 a.C.): Nebka, Djeser, Khaba, Sekhemkhet, Neferkarê, Ouni.
	4ª dinastia (2625 a 2510 a.C.): Snefru, Quéops, Djedefrê, Quéfren, Miquerinos, Quepseskaf.
	5ª dinastia (2510 a 2460 a.C.): Userkaf, Sahurê, Neferrirkarê, Kakaí, Quepseskarê, Reneferef, Niuserrê, Menkauhor, Djedkarê-Isesi, Unas.
	6ª dinastia (2460 a 2200 a.C.): Téti, Userkarê, Pépi I, Merenrê I, Pépi II, Merenrê II, Nitócris.
Primeiro Período Intermediário	7ª-8ª dinastias (2200 a cerca de 2160 a.C.).
	9ª-10ª dinastias (2160 a cerca de 2040 a.C.).

	11ª dinastia (2160 a 1991 a.C.): Montuhotep I, Antef I, Antef II, Antef III.
Médio Império	11ª dinastia (*continuação*): Montuhotep II, Montuhotep III, Montuhotep IV.
	12ª dinastia (1991 a 1785 a.C.): Amenemhat I, Sesóstris I, Amenemhat II, Sesóstris II, Sesóstris III, Amenemhat III, Amenemhat IV.
Segundo Período Intermediário	13ª-14ª dinastias (1785 a 1633 a.C.).
	15ª-16ª dinastias (1730 a cerca de 1530 a.C.).
	17ª dinastia (1650 a cerca de 1552 a.C.): Rahotep, Antef V, Sobekemsat II, Djehuty, Montuhotep VII, Nebiryu I, Antef VII, Kamosé.
Novo Império	18ª dinastia (1552 a 1314 ou 1295 a.C.): Amósis, Amenhotep I, Tutmósis I, Tutmósis II, Hatchepsut, Tutmósis III, Amenhotep II, Tutmósis IV, Amenhotep III, Amenhotep IV/ Akhenaton, Smenkharê, Tutankhamon, Ay, Horemheb.
	19ª dinastia (1295 a 1118 a.C.): Ramsés I, Séti I, Ramsés II, Merenptah, Séti II, Siptah, Tausert.

	20ª dinastia (1186 a 1069 a.C.): Sethnakht, Ramsés III, Ramsés IV, Ramsés V, Ramsés VI, Ramsés VII, Ramsés VIII, Ramsés IX, Ramsés X, Ramsés XI.
Terceiro Período Intermediário	21ª dinastia (reis tanitas) (1069 a 945 a.C.): Smendés, Psusenés I, Amenemopé, Osorkon o antigo, Siamon, Psusenés II.
	22ª dinastia (945 a 715 a.C.): Chechonq I, Osorkon I, Chechonq II, Takelot I, Harsiésis, Osorkon II, Takelot II, Chechonq III, Pimay, Chechonq V, Osorkon IV.
	23ª dinastia (818 a 715 a.C.): Petubastis I, Osorkon III, Takelot III, Rudamon, Iuput II.
	24ª dinastia (727 a 715 a.C.): [Tefnakht], Bocóris.
	25ª dinastia (cerca de 747 a 656 a.C.): [Piankhy], Chabaka, Chabataka, Taharqa, Tanutamon.
Baixa Época	26ª dinastia (672 a 525 a.C.): Nekau I, Psamatik I, Nekau II, Psamatik II, Apriés, Amásis, Psamatik III.
	27ª dinastia (525 a 404 a.C.): Cambises, Dario I, Xerxes, Artaxerxes, Dario II, Artaxerxes II.

28ª dinastia (404 a 399 a.C.): Amirteu III.

29ª dinastia (399 a 380 a.C.): Neferites I, Psamuthis, Achóris, Neferites II.

30ª dinastia (380 a 343 a.C.): Nectanebo I, Takos, Nectanebo II.

Segunda dominação persa (343 a 332 a.C.): Artaxerxes III, Arses, Dario III.

332 a.C.: Alexandre.

Conforme N. Grimal, *Histoire de l'Égypte ancienne*, Paris, 1988, p. 591-606.

BIBLIOGRAFIA

ANDREU, G. *L'Égypte au temps des pyramides.* Paris, 1994.
BAINES, J.; MALEK, J. *Atlas de l'Egypte ancienne.* Paris, 1990.
BAUD, M. *Djéser et la IIIe dynastie.* Paris, 2002.
BONHÊME, M.-A.; FORGEAU, A. *Pharaon. Les secrets du pouvoir.* Paris, 1988.
CABROL, A. *Amenhotep III, le magnifique.* Paris, 2000.
ERMAN, A.; RANKE, H. *La civilisation égyptienne.* Paris, 1994.
GRANDET, P. *Ramsès III, histoire d'un règne.* Paris, 1993.
GRIMAL, N. *Histoire de l'Égypte ancienne.* Paris, 1988.
KITCHEN, K.A. *Ramsès II. Le pharaon triomphant.* Paris, 1982.
MIDANT-REYNES, B. *Aux origines de l'Égypte. Du Néolithique à l'émergence de l'État.* Paris, 2003.
POSENER, G. *Littérature et politique dans l'Égypte de la XIIe dynastie.* Paris, 1969.
_____. em colaboração com S. Sauneron e J. Yoyotte. *Dictionnaire de la civilisation égyptienne.* Paris, 1992.
ROCATTI, A. *La littérature historique sous l'Ancien Empire égyptien.* Paris, 1982.
VALBELLE, D. *Les Neufs Arcs. L'égyptien et les étrangers de la préhistoire à la conquête d'Alexandre.* Paris, 1990.
_____. *Histoire de l'État pharaonique.* Paris, 1998.
VANDERSLEYEN, C. *L'Égypte et la vallée du Nil*, t. 2: *De la fin de l'Ancien Empire à la fin du Nouvel Empire.* Paris, 1995.

Vercoutter, J. *L'Égypte et la vallée du Nil*, t. 1: *Des origines à la fin de l'Ancien Empire.* Paris, 1992.

Vernus, P. *Affaires et scandales sous les Ramsès.* Paris, 1993.

_____.; Yoyotte, J. *Dictionnaire des pharaons.* Paris, 1996.

SOBRE A AUTORA

Sophie Desplancques, doutora em egiptologia, leciona História da Civilização Egípcia na Associação Papyrus em Lille, França.

lepmeditores

www.lpm.com.br
o site que conta tudo

Impresso na Gráfica BMF
2023